노예선의 세계사

후루가와 마사히로 지음 | 김효진 옮김

KB078955

AK TRIVIA BOOK

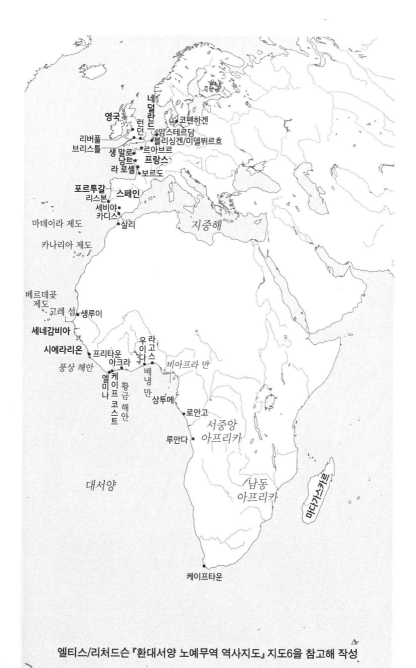

영국
네덜란드
런던
코펜하겐
암스테르담
리버풀
블리싱겐/미델뷔르흐
브리스틀
르아브르
생 말로
낭트
프랑스
라 로셸
보르도
포르투갈
리스본
스페인
세비야
카디스
마데이라 제도
살리
지중해
카나리아 제도
베르데곶 제도
고레 섬
생루이
세네감비아
우이다
라고스
시에라리온
프리타운
아크라
베냉 만
비아프라 만
풍상 해안
엘미나
케이프 코스트
황금 해안
상투메
로안고
서중앙 아프리카
루안다
대서양
남동 아프리카
마다가스카르
케이프타운

엘티스/리처드슨 『환대서양 노예무역 역사지도』 지도6을 참고해 작성

머리말
——로빈슨 크루소의 노예무역

『로빈슨 크루소』(1719년)를 읽은 독자들이 많을 것이다. 굳이 설명하면, 카리브 해의 외딴 섬에 표류한 주인공이 수십 년간 자신의 시간을 합리적으로 활용해 다양한 동식물을 기르고 모국인 영국으로 돌아갈 배가 오기를 꿈꾸며 겪은 갖가지 모험을 담은 이야기이다.

1660년 런던에서 태어나 1731년에 세상을 떠난 저자 대니얼 디포Daniel Defoe는 소설 속 로빈슨 크루소의 출생을 1632년으로 설정했다. 로빈슨의 아버지는 브레멘 출신의 무역상이었다. 그는 영국 북동부 요크서 지방의 항구 도시 헐에 정착해 살다 내륙부의 요크로 이주했다. 이때 그는 장사를 그만두고 이 도시의 명망가 출신인 아내를 만나 결혼했다. 로빈슨은 요크 출신이다.

사실 『로빈슨 크루소』에는 외딴 섬에 표류하기 이전의 이야기가 있다. 그 이야기가 당시 영국은 물론 유럽 세계를 둘러싼 상황을 훌륭히 그려내고 있는 것이다. 이 책의 프롤로그에도 안성맞춤인 그 이야기를 조금 더 자세히 살펴보자.

로빈슨에게는 형이 둘 있었다. 영국의 육군 중위였던 큰 형은 덩케르크 부근에서 스페인 군과 전투를 벌이던 중 전사했다. 작은 형은 소식이 끊긴 상태였다. 아버지는 셋째 아들인 로빈슨을 잘 가르쳐 법률가로 만들 생각이었다. 하지만 당시 로빈슨은 아버지의 바람과 달리 선원이 되고 싶어 했다. 외국에 나가 활동하고 싶다는 생각은 점점 더 커졌다. 아버지와는 장래희망을 두고 번번이 충돌했다. 아버지는 '중산층에 속하는 네가' '충분히 행복하게 살 수 있는 상황에서' '외국에 나가 새로운 운명을 개척하겠다'는 것은 그야말로 바보 같은 생각이라고 말했다.

하지만 로빈슨 크루소는 아버지의 반대를 무릅쓰고 1651년 헐에서 런던으로 출항하는 배에 올랐다. 그러나 그를 태운 배는 역풍 때문에 노폭의 야머스 정박지에 머물게 된다. 바람이 맹렬한 폭풍으로 바뀌고 급기야 배가 침몰하면서 로빈슨은 육로를 통해 런던으로 갈 수밖에 없었다.

그 후, 로빈슨은 런던에서 아프리카 연안으로 가는 배에 오른다. 기니에서 큰돈을 벌었다는 선장을 따라 가기로 한 것이었다. 선장과 친해진 그는 40파운드어치의 장난감과 잡화 등을 구입해 배에 싣고 아프리카 연안에서 사금과 교환했다. 그것을 런던에서 팔아 300파운드나 되는 돈을 벌었다. 기니 항해는 성공적이었다. 그 밖에도 그는 항해술과 징사 기술을 배울 수 있었다.

로빈슨은 또 다시 같은 배에 올라 전과 같이 큰돈을 벌기 위해 나섰다. 하지만 그와 친했던 선장은 이미 세상을 떠나고 항해사였던 사람이 새로운 선장이 되어 있었다. 이번에는 불운이 그를 기다리고 있었다. 카나리아 제도로 향하던 도중 살리(지금의 모로코 살레 항구)에 근거지를 둔 터키의 해적선과 맞닥뜨린 것이다. 맞서 싸웠지만 결국 백기를 들고 말았다. 살아남은 선원들은 포로로 잡혀 살리로 끌려가고 로빈슨은 해적선 두목의 노예가 되었다. 해적 두목은 그를 자신의 집으로 데려가 가내 노예로 부렸다. 그렇게 2년여가 흘렀다.

로빈슨은 오로지 달아날 생각뿐이었다. 그리고 마침내 기회가 찾아온다. 돛이 달린 고기잡이배를 조종해 가까운 바다로 나가게 된 것이다. 수리라는 이름의 노예 소년과 함께였다. 며칠이 지났을까, 살리를 벗어나 해안을 따라 남쪽으로 내려갔다.

식량과 물이 바닥나자 사람들이 사는 해안가에 닻을 내리고 현지인에게 손짓발짓으로 먹을 것이 필요하다는 시늉을 했다. 그들은 바닷가에 마른 고기와 곡물을 놓아두고 멀리 물러났다. 로빈슨은 그들의 호의에 보답하고 싶었다. 그는 표범 한 마리를 사냥해 그들에게 주고 자신은 표범의 가죽을 갖기로 했다. 표범 고기를 받은 그들은 더 많은 식량과 물을 가져다주었다. 문화인류학에서 말하는 일종의 '침묵 무역' 방식이었다.

로빈슨은 또 다시 수일간 남쪽으로 항해했다. 얼마 후 그의 눈에 베르데 곶과 카보베르데 제도가 들어왔다(그림 1-1 참조). 그때 수리가 멀리 떨어진 범선을 발견했다. 그 배는 포르투갈의 배였다. 로빈슨은 열심히 쫓아갔지만 도저히 따라잡을 수 없었다. 천만다행으로 그들을 발견한 포르투갈선이 속도를 늦추었다. 마침내 로빈슨과 수리는 구조되었다.

브라질로 향하던 포르투갈선은 22일 만에 브라질 북동부의 바이아에 도착했다(권두 지도 참조). 당시 이곳에는 포르투갈의 브라질 총독부가 있었다. 선장은 로빈슨에게 뱃삯을 받지 않았을 뿐 아니라 그가 타고 온 보트를 스페인 은화 80페소에 사주었다. 노예 소년 수리는 자진해서 선장 밑에서 일하고 싶다고 나섰기 때문에 선장과 이야기해 수리가 기독교인으로 개종하면 10년 후 자유인으로 만들어주겠다는 약속을 받고 수리를 선장에게 넘겨주었다. 선장이 표범 가죽과 나머지 물건들도 사준 덕분에 스페인 은화 220페소를 챙긴 로빈슨은 이 돈으로 브라질 생활을 시작하게 되었다.

또한 선장은 로빈슨에게 현지에서 설탕 플랜테이션 농장을 운영하는 인물을 소개해주었다. 그는 그곳에서 잠시 신세를 지며 제당법 등을 배우고 브라질에서 경영주가 되고 싶다는 생각을 하게 되었다. 로빈슨은 자신의 땅을 사서 2년 남짓 자급을 위한 경작을 하다 3년째부터는 담배 재배를 시작했다.

그리고 이웃에 사는 포르투갈인 동료와 의논해 사탕수수를 재배할 땅을 마련했다. 그는 런던에 맡겨 두었던 자금 100파운드로 농장 경영에 필요한 각종 도구, 철물, 농기구는 물론 영국산 옷감과 모직물 등을 구입했다. 이런 물건들을 브리질까지 가져다 준 것은 그를 구해준 포르투갈선의 선장이었다. 게다가 그는 6년 동안 부릴 수 있는 하인도 한 명 사서 데려왔다. 영국 제품은 브라질에서 비싸게 팔렸기 때문에 그것을 팔아 번 돈으로 로빈슨은 흑인 노예를 한 명 사고 유럽 출신의 하인도 한 명 더 고용했다. 담배 재배도 궤도에 오르면서 번창했다.

브라질에 정착한 지 4년쯤 흘렀을 때, 바이아의 농장주 세 명이 찾아와 그에게 은밀한 제안을 했다. 부족한 일손을 충당하기 위해 기니에서 몰래 흑인 노예를 데려오자는 것이었다. 로빈슨이 농장주들에게 아프리카에서의 경험담을 이야기했기 때문이다.

로빈슨은 자신은 비용을 부담하지 않으며 흑인 노예무역이 성공한 경우 자신도 흑인 노예를 나누어 가질 권리를 준다는 조건 등을 고려해 이 제안을 받아들인다. 로빈슨은 모든 준비를 마치고 1659년 9월 1일 바이아의 사우바도르 항을 출항했다. 공교롭게도 8년 전 부모님의 반대를 무릅쓰고 헐을 떠났던 것과 같은 날이었다. 120톤의 화물을 실을 수 있는 배는 대포 6문을 갖추었으며 승조원은 선장과 선장의 하인 그리고 로빈슨 외에 14명이었다. 배에는 노예와 교환할 물품 가령 구슬, 유리 조각, 조개껍데기, 거울, 가위, 작은 칼, 손도끼 등이 실려 있었다.

출항한 배는 해안을 따라 북쪽으로 향했다. 12일쯤 지나 적도를 통과한 배는 북동쪽으로 나아가다 첫 번째 폭풍을 만났다. 12일 내내 요동치는 바다에서 로빈슨은 배가 침몰할 것이란 생각을 멈출 수 없었다. 그 사이 선원 한 명이 열사병으로 죽고 또 다른 선원 한 명과 하인 소년이 파도에 휩쓸렸다. 배는 항로를 한참 벗어나 남아메리카의 기아나 연안을 지나 오리노코 강 하구 근처까지 와 있었다. 크게 부서진 배를 수리하기 위해 향한 곳은 카리브 해 제도(서인도 제도)의 바베이도스 섬이었다. 하지만 얼마 후 두 번째 큰 폭풍을 만났다.

　배는 서쪽으로 표류하더니 돌연 바다에 쌓인 모래언덕에 부딪혀 멈춰 섰다. 선원들은 배에 실려 있던 보트를 내려 옮겨 탔다. 육지를 향해 열심히 노를 저었지만 '미친 듯한 파도'가 뒤에서 보트를 덮쳐 뒤집어 버리고 말았다. 로빈슨은 바닷물을 잔뜩 마시기는 했지만 간신히 해안에 닿을 수 있었다. 하지만 자신만 홀로 살아남았다는 것을 알게 된다. 좌초한 배는 너무 멀어서 잘 보이지도 않을 정도였다. ──여기서부터 널리 알려진 외딴 섬에서의 생활이 시작된다.

　이상의 이야기를 바탕으로 몇 가지 역사적 배경에 대해 확인해 두고 싶다.

　첫 번째는 반대를 무릅쓰고라도 해외로 떠나고 싶어 했던 로빈슨 크루소의 강렬한 욕망에 대해서이다. 그가 분명히 밝히진 않았지만 해외 식민지 개발과 무역을 통해 부를 축적할 수 있었던 시대적 배경을 강하게 의식하고 있었을 것이다.

　실제로도 영국은 17세기 중반까지 북아메리카의 버지니아에 식민지를 건설하고 카리브 해에 진출했다. 1627년에는 바베이도스 섬, 1655년에는 자메이카도 식민지화했다. 하지만 해외 무역에는 늘 경쟁 상대가 있고 위험이 따랐다. 로빈슨이 두 번째 항해에서 터키 해적을 만나 노예가 된 사건은 이런 사정을 단적으로 보여준다. 이슬람 세계에도 노예제가 널리 퍼져 있었던 것이다.

　두 번째는 로빈슨이 포르투갈선에 구조되어 브라질로 가는데 이것도 당시 영국과 포르투갈의 우호 관계를 보여주는 대목이다. 16세기 말부터 17세기까지 '설탕의 시대'를 맞은 브라질에서는 노예제 설탕 플랜테이션이 번성했다. 부차적으로 담배 재배도 이루어졌다. 담배 농장은 적은 자금으로도 시작할 수 있었다. 자급적 곡물 재배부터 담배 재배 그리고 사탕수수 재배로 농장을 확장한 로빈슨은 더 많은 노예 노동력이 필요해지고 이를 충당하기 위해 아프리카로 향한다. 이번에도 고난은 그를 기다리고 있었다.

디포는 이렇게 생생한 역사적 배경을 바탕으로 『로빈슨 크루소』를 탄생시켰다.

앞으로 자세히 이야기하겠지만, 15세기 중반 포르투갈 상인들이 주도한 대서양 노예무역은 17세기가 되면 카리브 해 제도를 포함한 남북아메리카 식민지 개발의 필수 요소로 자리 잡았다. 포르투갈에 이어 네덜란드가 노예무역에 뛰어들고 17세기 후반이 되면 영국과 프랑스에서도 노예무역을 위한 독점 회사가 설립된다. 이어지는 18세기는 노예무역의 전성기였다. 이런 노예무역의 주축이 된 것이 노예선이다. 18세기에는 노예무역을 위한 전용 선박이 대서양을 오갔다.

이 책에서는 다음의 장에서 노예선을 주제로 대서양 노예무역을 둘러싼 세계사를 살펴본다. 또 현대판 노예제의 양상과 아직까지 남아 있는 인종차별 문제에 대해서도 짚어본다.

제1장 '근대 세계와 노예무역'에서는 먼저 트리니다드 출신의 역사가이자 정치가였던 에릭 윌리엄스Eric Eustace Williams의 대표적인

저서『자본주의와 노예제도』를 통해 근대 자본주의 발전에 불가결한 존재였던 노예제와 그것을 떠받친 노예무역에 대해 고찰한다. 또 대항해 시대의 선구자 포르투갈이 동방의 '인디아스Las Indias(인도 아대륙 및 그 이동의 동남아시아, 중국, 일본을 포함한다)'로 향하며 아프리카 각지에 건설한 무역 거점과 그 부산물로 노예무역이 시작되었다는 것을 밝힌다.

최근 노예무역에 종사한 선박들의 자료가 공개되었다. 약 400년간 3만5000건을 웃도는 방대한 숫자이다. 이 책에서는 이 자료를 최대한 활용했다. 또 신대륙 최대의 식민지를 형성한 스페인은 식민지 개발에 필요한 노동력을 19세기를 제외하면 거의 타국의 무역업자들에게 맡겼다. '아시엔토asiento'라고 불리는 제도이다.

제2장 '노예선을 움직인 사람들'에서는 먼저, 노예선의 구조에 착목했다. 아프리카에서 신대륙으로의 여정 이른바 '중간 항로The Middle Passage'를 많은 노예를 싣고 최대한 빠르고 손실을 최소화한 조건으로 운반했던 노예선은 어떤 모습이었을까. '이동 감옥'이나 다름없는 노예선에서는 늘 반란이 일어날 위험성이 있었다. 또 아프리카 각지에서 노예를 획득한 방법과 노예들이 경험한 노예선의 실상을 살펴본다.

실제 노예선을 움직인 것은 선장과 승조원들이었다. 선장은 노예선 위에서 독재적인 권력을 휘두르며 선원들을 '노예처럼' 부렸다. 한편 노예에 대해서는 선상에서 일어날 수 있는 다양한 위기에 대비해 선장과 선원들이 힘을 모아 대치했다.

마지막으로 노예상인은 유럽 각지의 모든 노예무역항에서 노예
무역 전체를 총괄하고 노예무역에 투자한 자본가들이다. 그들은
각자의 나라에서 큰 부를 쌓은 명망가였다. 또 신대륙 각지에서
노예를 사들일 때 발행한 어음을 인수한 것은 본국의 중개인들이
었다. 노예선과 관련된 그들의 역할에 대해서도 살펴본다.

　제3장 '노예무역 폐지로의 길'에서는 노예무역 폐지에 앞장선 영
국을 중심으로 폐지운동의 주체가 된 사람들과 세력에 초점을 맞
춘다. 먼저 1772년의 서머싯 사건 판결을 통해 재영 흑인 문제를
고찰한다. 또 1787년에 결성된 런던 노예무역 폐지 위원회의 중심
세력인 퀘이커 교도와 영국 국교회 복음주의파가 기여한 역할에
대해 살펴본다. 풀뿌리 청원 서명운동과 의회를 대상으로 한 로비
활동이 결합한 것이었다. 한편, 유럽 대륙에서는 프랑스 혁명이
일어나고 그것과 연동해 카리브 해의 프랑스령 생 도맹그(지금의 아
이티)에서 대규모 노예 반란과 혁명이 발생했다.

　1807년 영국의 노예무역 폐지에 이어 이듬해 아메리카합중국에
서도 노예무역이 폐지되었다. 그 후, 영국 정부는 타국의 노예무
역 활동을 제압하기 위해 외교·군사적 압력을 가했다. 19세기 최
대의 노예 수입지역은 브라질과 쿠바였다. 특히, 브라질은 19세기
노예 수입의 약 60%를 차지했다. 쿠바의 노예 수입에 관련해서는
1839년 노예선 아미스타드호에서 노예 반란이 일어났다. 이 사건
을 둘러싸고 아메리카와 스페인 정부의 노예무역과 노예제에 대
한 자세가 집중 조명되었다.

노예무역이 폐지된 후에도 노예제도는 계속되었다. 영국령 서인도에서는 설탕 플랜테이션, 아메리카합중국 남부에서는 면화 플랜테이션, 브라질 남동부에서는 커피 플랜테이션이 번성했다. 제4장 '기나긴 여정——노예제 폐지부터 현대에 이르기까지'에서는 각각의 노예제 플랜테이션의 실태와 노예제 폐지로 향하는 역사적 동향을 비교사적 관점에서 살펴본다. 노예제도가 폐지되고 노예 신분에서 해방되었지만 그들은 여전히 사회의 최하위층을 형성하며 오늘날까지 차별받고 있다.

또한 노예제도가 폐지되었다고 해도 플랜테이션 농업은 계속되었기 때문에 아메리카는 차치하고 영국령 서인도나 브라질에서는 노예를 대신할 노동력을 충당하기 위해 대량 이민이 도입했다. 1888년 브라질에서 노예제가 폐지되면서 마침내 세계의 노예제도는 사라진 것처럼 보이지만 현대에도 노예제는 존재한다. 현대판 노예제의 특징은 가장 취약한 처지의 여성과 어린아이들에게 집중되고 있다. 끝으로 그 실태에 대해 살펴보며 이 책을 마칠 생각이다.

목차

지도 제작: 마에다 시게미(前田茂実)

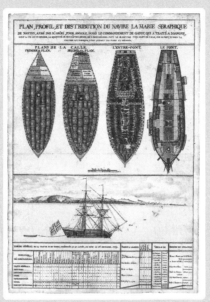

낭트의 노예선 마리 세라피크(Marie-Séraphique, 1770년. 낭트 역사박물관)호. 배 소유자
의 요청으로 그려졌다고 한다. 낭트는 프랑스 최대의 노예 무역항이었다. 낭트
역사박물관에서는 그 과거를 검증하는 연구를 진행하고 있다.

제1장
근대 세계와 노예무역

1. 노예제도의 세계사적 의미——에릭 윌리엄스의 질문

『자본주의와 노예제도』

소설 속 로빈슨 크루소가 살았던 시대는 이른바, 중상주의 시대였다. 로빈슨은 중산 계급인 자신의 지위에 만족하지 못하고 더 큰 부를 쌓기 위해 해외로 나갔다. 당시의 시대정신을 체현한 것이라고 할 수 있다. 비록 외딴 섬에서 이십 수년을 보냈지만 영국으로 돌아와 현금 5,000파운드와 연 수입 1,000파운드가 넘는 재산을 손에 넣고 결혼도 하는 등 당초의 목적을 달성했다. 선원이자 상인으로서의 경험을 쌓고 온갖 고생을 했지만 브라질에서 자신의 농장을 크게 넓히고 담배 재배로 성공해 재산을 모았다.

로빈슨 크루소의 이야기는 당시 바다와 해외 곳곳에 부의 씨앗이 널려 있었다는 것을 보여준다.

그중에서도 대서양 노예무역은 이익을 창출하는 가장 중요한 무역 중 하나였다. 18세기 영국의 상인 말라키 포스틀레스와이트 Malachy Postlethwayt는 노예무역이 '모든 상업의 근원이자 기초이며 모든 장치를 움직이는 태엽과 같다'고 말했다. 로빈슨도 실패하기는 했지만 노예무역의 가능성을 인식하고 있었던 것이다.

노예무역은 보통 '삼각 무역'의 구조를 띠고 있다. 노예선은 주로 유럽의 각 항구에서 거래에 쓸 상품을 싣고 아프리카로 향했다(삼각 구조의 제1번). 아프리카의 무역 거점에서는 이런 상품과 노예를 교환해 배에 싣고 대서양을 건너—이곳을 '중간 항로The Middle

Passage'라고 한다―카리브 해 제도(서인도 제도)를 포함한 남북아메리카 각지에 상륙한다(제2변). 여기서 노예를 설탕, 커피, 면화 등의 식민지 생산품과 교환한 후 유럽의 본국으로 돌아가 물품을 매각한다(제3변).

이 삼각 무역을 통해 막대한 부를 축적했다고 갈파한 것이 에릭 윌리엄스Eric Eustace Williams이다. 그는 자신의 저서 『자본주의와 노예제도』(1944)에서 삼각 무역이 영국의 산업에 일석이조의 작용을 했다고 말했다. 먼저 영국에서 생산된 제품의 시장을 제공했으며 영국인들에게 필요한 상품을 생산했을 뿐 아니라 산업 혁명에 따른 자금 수요를 충당할 자본을 축적하는 주된 원천이 되었다. 그는 자본주의 발전의 중심에는 노예무역과 노예제도가 있었다고 강조했다.

여기서 윌리엄스의 경력을 간단히 소개하고 싶다. 그는 1911년 카리브 해의 트리니다드 섬에서 태어났다. 아버지는 우체국 직원이었다. 어릴 때부터 재능이 많았던 윌리엄스는 트리니다드의 퀸즈 로열 칼리지를 졸업하고 장학금을 받아 영국의 옥스퍼드 대학교에서 유학했다. 1938년 옥스퍼드 대학교에서 박사 학위를 취득하고 이듬해부터 십수 년간 워싱턴 DC의 하워드 대학교에서 교편을 잡았다. 그는 학자이자 교육자였을 뿐 아니라 정치가이기도 했다. 영국으로부터의 독립을 위한 '인민 민족운동당(PNM, People's National Movement)'을 창설해 당수로 활동했다. 1962년 독립한 트리니다드·토바고 공화국의 초대 수상으로 취임했다.

윌리엄스 테제

『자본주의와 노예제도』에는 윌리엄스의 역사 인식을 단적으로 보여주는 유명한 대목이 있다.

'18세기의 상업 자본주의는 노예제와 독점에 의한 부의 축적을 가능케 했다. 그로 인해 19세기 산업 자본주의의 형성을 촉진했으나 상업 자본주의와 노예제도의 영위를 적대시하고 그 힘을 파괴한 것은 다름 아닌 19세기의 산업 자본주의였다.'

상업 자본주의에서 산업 자본주의라는 마르크스적 역사 발전 단계론이 나타나지만 중요한 것은 그러한 자본 축적에 기여한 것이 바로 독점과 노예제였다는 것을 명확히 밝히고 있다. 독점이란 간단히 말해 본국에 의한 식민지 독점이며 그 식민지 경제를 밑바닥에서 떠받친 것이 노예제였다.

정통적인 마르크스주의 관점에서 볼 때 노예제는 고대의 지배적인 노동 형태이며 근대의 노예제는 그 유제에 불과할 뿐 기본적으로 자본주의와 노예제도는 양립할 수 없는 것으로 규정되었다. 그런데 윌리엄스는 근대 자본주의가 노예제를 기반으로 발전했다고 주장한 것이다.

참고로, 윌리엄스가 이런 견해를 펼친 이십 수년 후 이매뉴일 월러스틴Immanuel Wallerstein의 '근대 세계 체제론'이 등장했다. 그가 말하는 자본주의란 이윤 획득을 목적으로 조직된 생산, 교환, 소비 체제이며 처음부터 '세계 경제' 체제였다.

이 세계 경제는 중심부, 반주변부, 주변부라는 3극 구조를 이루고 있다. 중심부의 지배적인 노동 관리 양식은 임금 노동(자유노동)이며 반주변부의 관리 양식은 반강제 노동(분익 소작노동이 전형적), 주변부의 관리 양식은 강제 노동(노예 노동이 전형적)이다. 그리고 이 세 극이 하나가 되어 자본주의 세계 체제로서 기능한다. 부와 경제의 잉여는 주변에서 반주변 그리고 중심을 향해 이동하기 때문에 중심부는 부유하고 주변부는 가난해지는 구도이다.

이처럼 '근대 세계 체제론'에서도 노예제는 중요한 위치를 획득한다. 윌리엄스는 훨씬 오래 전부터 '근대 세계 체제론'을 파악하고 있었던 것이다.

윌리엄스의『자본주의와 노예제도』는 발행 초기 두세 개의 서평과 함께 소개되었지만 거의 주목받지 못했다. 하지만 아메리카합중국의 공민권 운동이나 1960년 전후의 이른바 블랙파워의 폭발로 인한 아프리카 제국의 독립운동 등을 계기로 그가 제기한 노예제와 노예무역의 중요성이 역사 연구자들 사이에 인식되기 시작했다. 모두 긍정적으로 받아들인 것은 아니었지만 노예제도나 노예무역의 연구자라면 가장 먼저 읽어야 할 중요 문헌으로 여겨지게 된 것이다.

그의 견해는 '윌리엄스 테제'로서 정식화되었다. 앞서 소개한 문장을 다시 한 번 보며 윌리엄스 테제의 두 가지 주요점을 정리해보자.

①노예제도(및 노예무역)를 기반으로 한 자본 축적에 의해 산업

자본주의(산업 혁명)가 성립했다.

②산업 자본주의가 발전하는 과정에서 노예제도가 폐지되었다.

먼저 ①에 관해 조금 더 자세히 살펴보자. 윌리엄스는 18세기 후반 영국 최대의 노예무역항 리버풀에 축적된 자본이 동부에 위치한 맨체스터의 면 공업에 투자된 것으로 보았다. 노예무역 혹은 삼각 무역으로 얻은 막대한 이익이 배후지인 코트노폴리스Cotton-opolis(면의 도시)로 흘러들어가 산업 혁명의 기폭제로 작용했다는 것이다.

다만, 여기서 논점은 둘로 나뉜다. 하나는 노예무역 혹은 삼각 무역이 그 정도로 큰 이익을 남겼는가. 다른 하나는 노예무역 혹은 삼각 무역으로 획득한 이익이 구체적으로 면 공업에 투자되었는가.

윌리엄스는 리버풀에서 삼각 무역으로 100%의 이윤을 얻는 것은 흔한 일이었다고 주장했다. 영국의 역사학자 R. 안스티Roger Anstey 등은 이런 주장에 이의를 제기하며 당시의 이윤율은 고작해야 10%도 채 되지 않았다고 반론했다. 윌리엄스의 사례는 매우 성공한 노예무역이었을 뿐 보통은 온갖 위험 요소가 존재하기 때문에 윌리엄스의 추정만큼 큰 이윤을 남길 수는 없었다는 것이다. 이런 '노예무역 이윤 논쟁'은 그 후로도 낮은 이윤율에 반론을 제기한 조셉 E. 이니코리Joseph E. Inikori 등이 등장하면서 아직까지 결론을 내리지 못했다.

표 1 영국의 무역 총액에 대한 영국령 서인도의 점유율(1713-1822)

(단위:%)

연도	수입	수출	수출입
1713-17	17.9	5	10.7
1718-22	16.7	3.9	9.9
1723-27	18.3	4.4	10.9
1728-32	20.4	3.9	11.7
1733-37	18.6	3	10.1
1738-42	19.9	4.1	11.6
1743-47	19.4	4.3	10.3
1748-52	20.9	5.3	11.5
1753-57	23.5	7.1	14
1758-62	23.7	8.2	14.3
1763-67	24	8.4	15.3
1768-72	27.2	9.7	17.7
1773-77	28.7	11.6	19.7
1778-82	29.3	13.4	21
1783-87	26.8	11.3	19.1
1788-92	24.3	12	17.8
1793-97	24.3	13.2	18
1798-1802	27.6	14.3	20.2
1803-07	30.5	13.1	20.8
1808-12	30.3	14	20.9
1813-17	27.6	11.9	17.6
1818-22	25.8	9.7	15.9

출전) Mitchell/Deane, *Abstract of British Historical Statistics*, pp. 309-311.
주) 수입액은 1755년, 수출액은 1759년까지가 잉글랜드와 웨일즈의 수치로 그 이후는 스코틀랜드를 포함한 수치이다.

또 다른 논점인 삼각 무역으로 획득한 이익이 면 공업 부문에 투자되었다는 견해에 대해서는 『자본주의와 노예제도』에서나 그 후의 연구를 통해서도 실증적으로 증명하지 못했다. 향후의 연구 과제로 남아 있다.

다음으로 ②는 아메리카의 독립전쟁 이후 경제 제도로서의 노예제가 쇠퇴하기 시작했다는 견해이다. 즉, 18세기 후반부터 산업혁명이 진행되는 과정에서 노예제를 기반으로 한 영국령 서인도(자메이카와 바베이도스 등)의 경제가 퇴보하고 영국 내에서의 중요성이 상대적으로 낮아지면서 대신 인도가 대두했다.

이런 견해에 대해 S. 드레셔Seymour Drescher는 구체적인 경제 지표를 제시하며 1810년대까지 영국 내에서 서인도의 지위가 낮아지는 일은 없었다고 반박했다. 표 1을 보면, 영국의 무역 총액에 대한 영국령 서인도의 점유율이 가장 높았던 시기는 1780년 전후로 그 후 다소 감소했지만 세기 전환기에 다시 회복되었다. 점유율 저하가 명확히 나타나는 것은 1820년 전후부터이다. 즉, 드레셔는 영국령 서인도의 경제가 쇠퇴했기 때문에 노예무역이 폐지된 것이 아니라 오히려 이 시기에 노예무역이 폐지되었기 때문에 서인노의 경제는 쇠퇴한 것이라는 정반대의 인과관계를 주장한 것이다.

다만, 1820년대가 되면 영국령 서인도의 경제가 점차 퇴보하고 대신 영국 내에서 인도의 지위가 크게 높아졌다는 점에서는 윌리엄스의 지적이(시기 설정과는 별개로) 타당한 것으로 보인다.

삼각 무역의 영향

　삼각 무역이 영국 경제에 미친 영향에 대해 윌리엄스가 주목한 점이 두 가지 더 있다. 하나는 영국에서 생산된 상품에 시장을 제공했다는 점이며 다른 하나는 삼각 무역 관련 산업의 발전이다.

　영국의 수출 품목은 18세기 중반을 경계로 크게 변화했다고 한다. 이전에는 곡물이나 어류 혹은 석탄 등의 일차 생산품과 모직물이 중요한 위치를 점했으나 18세기 후반이 되자 석탄을 제외한 일차 생산품이 점차 사라졌다. 공업 제품으로는 모직물이 완만한 성장세를 유지하는 동시에 새로운 상품이 속속 등장했다. 거기에는 철·금속 제품, 마직물과 함께 산업 혁명의 주요 생산품이었던 면직물이 포함되어 있다. 면직물은 인도에서 들어온 신공업 제품으로 철·금속 제품과 함께 아프리카의 각 무역 거점에서 노예와 교환할 때 필수적인 상품이었다.

　당초 면사와 면직물은 동인도회사가 인도에서 수입해 다시 아프리카와 식민지로 수출했는데 영국 국내에서도 모직물이나 견직물을 대체할 상품으로 인기를 얻게 되었다. 인도산 면직물은 캘리코calico나 모슬린mousseline이라고 불렸다.

　그런데 1700년의 캘리코 수입 금지법과 1720년의 캘리코 사용 금지법 등의 제한 조치가 시행되자 영국 내에서 캘리코와 비슷한 제품을 생산하려는 움직임이 활발해졌다. 직조 및 방적 공정의 기술 혁신은 이런 '수입 대체 공업화' 과정에서 일어났다. 길고 지난한 과정이었다. 1780년대가 되어서야 마침내 인도 제품에 견줄 만

한 품질의 면직물을 생산할 수 있게 되었다. 그 생산의 중심지가 앞서 언급한 랭커셔 지방의 맨체스터였다.

19세기가 되면 원료는 주로 아메리카합중국 남부에 있는 노예제 플랜테이션에서 생산된 면화를 수입해 맨체스터에서 제품을 생산하고 다시 세계 각지로 수출하게 되었다. 유럽 대륙, 아메리카합중국, 라틴아메리카, 인도, 중국 등의 해외 시장을 잇달아 확보했다. 17세기 후반부터 18세기에 걸쳐 인도에서 수입했던 면제품은 1820년을 경계로 완전히 뒤바뀐다. 이런 일련의 흐름을 볼 때, 노예무역 혹은 삼각 무역이 영국에 미친 영향은 가히 혁명적이었다고 할 수 있다.

다른 하나는 삼각 무역 관련 산업의 발전이다. 식민지 생산품 중에서도 가장 비중이 큰 상품은 설탕이다. 영국은 식민지에서의 설탕 생산을 조당粗糖 생산에만 한정했다. 생산된 조당을 본국으로 가져가 정제하는 분업 체제가 확립되어 있었다. 그런 이유로 런던이나 브리스틀 등에서는 제당업이 발전했다. 또한 노예선을 건조하는 조선업과 노예무역의 위험 요소를 분산하기 위한 보험업 등도 발전했다.

가장 중요한 산업은 금융업이다. 앞서 언급했듯 18세기 중반 이후 영국 최대의 노예무역항 리버풀의 삼각 무역에도 변화가 일어났다. 노예무역 전용선이 등장해 리버풀에서 아프리카 각지로 가노예를 획득한 후 신대륙에서 매각했다. 전에는 여기서 식민지 생산품을 싣고 본국으로 돌아갔지만 이 무렵이 되면, 노예무역은 삼각 무역 구조의 제1·2변에서 종료되고 밸러스트ballast(배의 균형을 유지하기 위해 바닥에 싣는 무거운 물건)를 싣고 그대로 본국으로 돌아간다. 노예를 팔고 받은 환어음을 가지고 본국으로 돌아가는 것이다.

영국에서는 특히 런던에서 이런 어음을 인수하는 전문 중개업자가 생겨났다. 한편, 설탕 등의 식민지 생산품은 노예선보다 큰 배에 실려 본국으로 들어왔다. 이른바 '셔틀 무역'으로 변화한 것이다. 어음을 인수하는 중개업자가 설탕 무역까지 총괄하며 노예무역 사업의 한 축을 담당하게 되었다. 여기에 대해서는 제2장에서 자세히 살펴보기로 하자.

2. 노예무역의 역사적 기원

이슬람 세계에 대한 의식

유럽 세계(기독교 세계)와 이슬람 세계는 적대적인 관계로 여겨지는 일이 많다. 7세기 전반 이슬람의 탄생과 그 후의 급격한 확대로 이슬람 세계는 동방에서는 인도, 서방에서는 (북)아프리카까지 광대한 영역에 이르고 있다. 8세기 초 이슬람 세력은 이베리아 반도까지 도달해 피레네 산맥을 넘으려던 차에 저지되었다. 그 후 기독교 세력은 이베리아 반도에서 잃어버린 영토를 되찾기 위해 국토 재정복 운동Reconquista을 벌였다. 이 운동은 1492년 남부의 그라나다 왕국이 기독교도들에게 점령될 때까지 계속되었다.

한편, 동방에서는 11세기 말부터 13세기까지 일곱 차례에 걸친 십자군 운동이 전개되었지만 이번에는 기독교 세력이 패배하고 팔레스타인에서 물러났다. 동서에서 전개된 기독교와 이슬람교 세력 간의 전쟁의 역사는 두 세력의 적대 관계를 보여주는 표상이 되었다.

하지만 역사적으로 두 세력이 늘 적대 관계였던 것만은 아니다. 이 점에 있어 내가 주목하는 것이 '12세기 르네상스론'이다. 중세사가 찰스 H. 해스킨스Charles H. Haskins가 내놓은 이 견해는 일본에서는 비교 문명학자 이토 슌타로伊東俊太郎 등이 자세히 분석했다.

흔히, 르네상스라고 하면 14~16세기 이탈리아를 중심으로 부흥한 고대 유럽의 문화와 철학이 근대 세계와 인간을 이해하는 기반이 된 사조를 말한다. 그런 르네상스가 12세기에 이미 존재했다는 주장이다. 12세기에 무슨 일이 일어났던 것일까. 한마디로 말하면, 이슬람 세계에서 유럽 세계로 다양한 문화, 철학, 기술, 생산물 등이 진파되었다.

한 가지 예를 들면, 9세기에 알 콰리즈미al-Khwārizmī라는 학자가 있었다. 유럽의 라틴어 학자들 사이에서는 알고리스무스Algorismus라는 이름으로 알려져 있었다. 오늘날 컴퓨터의 순서도flow chart 등을 가리키는 알고리즘이라는 명칭도 그의 이름에서 유래했다. 그는 십진법을 발명하고 '대수학' 저서를 펴냈다. 그의 학문 체계는 12세기에 아랍어에서 라틴어로 번역되어 유럽의 지식인들 사이에 널리 퍼졌다.

　이런 예는 비단 알 콰리즈미만이 아니다. 천문학, 지리학, 연금술, 철학 등도 아랍어에서 라틴어로 번역되었다. 12세기는 번역의 시대였다. 번역 활동의 중심지는 시칠리아 섬과 스페인의 톨레도였다. 톨레도에는 번역 학교도 있었다고 한다. 이들 지역에서는 유럽 전역에서 모인 뛰어난 지식인들이 왕성한 번역 활동을 펼쳤다. 학문 분야뿐 아니라 유럽이 대항해 시대로 나아가는 데 필요한 범선과 나침반 그리고 세계 지도 등도 이슬람 세계에서 들어왔다. 각종 향신료, 설탕, 커피와 같은 생산물도 이슬람 세계에서 들어온 것이다.

　당시 유럽인들은 세계가 유럽, 아시아, 아프리카로 구성되어 있으며 아시아, 아프리카의 대부분이 이슬람 세력의 지배를 받고 있으며 유럽만이 기독교 세력권에 속한다고 생각했다. 기독교 기반의 유럽 세계는 이슬람 세계에 둘러싸여 있었다. 게다가 이슬람 세계는 유럽보다 뛰어난 학문과 기술 그리고 생산물을 가지고 있었다. 당시의 유럽인 특히 지식인들은 이슬람 세계에 커다란 열등감을 품고 있었던 것이 아닐까. 그런 열등감을 떨쳐내기 위해 대항해 시대에 뛰어든 것이다.

중세의 노예무역
　유럽 세계가 이슬람 세계와 대치했던 것과 관련해 대서양 노예무역이 시작된 15세기 중반 이전의 노예무역에 대해 살펴볼 필요가 있다. 지중해 세계에서는 이미 중세 후기(12~15세기)에 노예제와 그를 뒷받침하는 노예무역이 존재했다. 프랑스 '아날학파'의 2세대 역사가 페르낭 브로델Fernad Braudel은 그의 저서 『지중해』에서 '노예제는 지중해 사회의 구조적 특징'이었다고 말한다. 이탈리아 도시국가 및 그 지배하에 있던 지중해 도서島嶼 그리고 이슬람권과 경계를 맞대고 있는 이베리아 반도의 노예제도가 대표적이다.

중세 후기 이탈리아 베네치아와 제노바의 상인은 지중해에 무역 거점을 개발하고 왕성한 상업 활동을 펼쳤다. 그런 상업 활동 중에는 노예무역도 포함되어 있었다. 그들이 획득한 노예는 대개 이슬람교도(무슬림 노예)들이었다. 제노바와 베네치아에서는 13세기의 삼사분기까지 노예 인구의 4분의 3가량이 무슬림 노예로 대부분 이베리아 반도에서 국토 재정복 운동으로 사로잡은 포로였다.

그런데 13세기의 사사분기가 되자 노예 조달 지역이 크게 바뀐다. 13세기 초, 베네치아가 십자군 전쟁 과정에서 콘스탄티노플을 점령한 이후 이탈리아 상인이 흑해 연안에 무역 거점을 개발해 활발한 노예무역을 전개했기 때문이다. 크림 반도의 카파와 돈강 하구의 타나를 거점으로 노예무역이 성행했다. 한 추산에 따르면, 13세기 말 카파에서만 연간 1,000명에 이르는 노예가 거래되었다고 한다. 대다수의 노예들이 캅카스의 체르케스인이었다. 흑해 주변에서 거래된 노예들은 대부분 이집트의 알렉산드리아로 끌려가 맘루크 군의 일원이 되기 위한 훈련을 받았다. 1420년대 카파에서 이집트로 끌려간 노예는 연간 2,000명에 달했다고 한다.

혹해 주변에서 거래된 노예 중 일부는 이탈리아의 여러 도시국가로도 보내졌다. 14세기 후반 피렌체에서 거래된 노예 357명의 출신을 보면 타타르인이 압도적으로 다수(77%)를 차지하며 그 밖에 그리스인, 무슬림, 러시아인, 터키인 순이다. 특징이 있다면, 여성이 90% 이상을 차지한다는 점이다. 이 점은 대부분의 노예가 잡다한 가사 노동에 종사하는 가내 노예였다는 것을 의미한다.

참고로, 14세기 중반 유럽 전역을 휩쓴 흑사병(페스트)으로 인구가 크게 줄자 피렌체 당국은 1363년 비기독교인 노예를 외부로부터 무제한 도입하는 것을 허가했다. 또한 1414~1423년 베네치아의 노예시장에서 거래된 노예의 수는 1만 명 이상에 달했다고 한다.

한편, 이베리아 반도에서는 앞서 이야기했듯 국토 재정복 운동 과정에서 사로잡은 무슬림들을 노예로 삼았다. 예컨대, 1212년 라스 나바스 데 톨로사 전투에서 사로잡은 수천 명의 무슬림이 노예시장에서 거래되었다고 한다. 포르투갈에서는 13세기 중반 남부의 알가르브 지방이 함락된 이후 이슬람과의 경계가 사라졌다. 포르투갈인들은 때때로 카스티야(스페인)에 침입해 그라나다를 공격하고 노예를 획득했다. 또 북아프리카까지 항해해 노예를 끌고 오기도 했다.

이처럼 대서양 노예무역이 시작되는 15세기 중반까지 유럽의 지중해 지역 전반에는 무슬림 노예와 혹해 주변에서 강제로 끌려온 노예가 존재했으며 노예무역도 이루어졌다. 반대로 국토 재정복 운동의 경계선 지역에서는 기독교인이 노예로 사로잡히기도 했다. 로빈슨 크루소도 경험했듯이 노예의 일부는 이슬람권에도 수출되었다.

대서양 노예무역의 '선구자'

대서양 노예무역에 앞장선 것은 포르투갈 왕국이다. 포르투갈은 15세기 초부터 '인디아스'로 가는 동방 항해를 시작했다. 기독교를 포교할 새로운 땅을 찾아내고 이제까지 이슬람 세계와 이탈리아의 상인을 통해 얻었던 동방의 향료와 금·은 등을 직접 손에 넣기 위해서였다.

인디아스에 도달하려면 일단 아프리카를 남하해야 한다. 1415년 모로코의 세우타 점령을 기점으로 아프리카 남하 정책이 시작되었다. 1488년 바르톨로뮤 디아스Bartolomeu Dias가 희망봉에 도달하기까지 70여 년이 걸렸다(그림 1-1).

이 과정에서 포르투갈은 대서양 연안에 무역 거점을 건설해 금, 노예, 상아 등을 거래했다. 1420년 마데이라 제도에 도달하면서 식민 활동을 전개했다.

1441년경 포르투갈의 노예무역에 대한 최초의 기록이 등장한다. 주라라Gomes Eanes de Zurara의 『기니 발견과 정복에 관한 연대기』에 따르면, 지금의 모리타니 북부 리오 데 오로에 상륙한 안탕 곤살베스Antão Gonçalves가 베르베르계 아제네그족 12명을 사로잡

그림 1-1 포르투갈의 무역 거점

아 라고스로 데려갔다고 한다. 그중 3명은 현지에서 지위가 높은 인물이었다. '자신들을 돌려보내 주면 한 사람당 5, 6명의 흑인 노예와 교환할 수 있다'는 말에 그들을 다시 현지로 데려갔다. 1명은 현지에서 도망치고 나머지 2명은 흑인 노예 10명과 교환했다. 1444년에는 란사로테 데 프레이타스Lançarote de Freitas가 6척의 선단을 이끌고 아르갱Arguin에 도달해 노예 235명을 획득했다고 쓰여 있다.

　1440년대 포르투갈은 1,000명에 이르는 노예를 획득한 것으로 추정되며 대부분 흑인 노예가 아닌 아제네그족이었다. 무력을 통한 이른바 노예사냥으로 노예를 획득하다 보니 포르투갈 측에서도 희생자가 나왔다. 이후로는 유럽에서 가져온 상품과 아프리카 사회 내에 존재하는 노예를 교환하는 '평화적' 거래로 대체되었다.

카다모스토Alvise Cadamosto의 『항해의 기록』에는 1455년경 세네갈 왕국의 상황이 다음과 같이 묘사되어 있다. 세네갈 왕은 주변 지역과의 전투로 사로잡은 포로를 노예로 삼아 땅을 일구는 등의 사역使役을 시키고 일부는 아랍 상인이나 기독교인들에게 팔아넘겼다. 여기서 말하는 '기독교인'이란 포르투갈 상인을 가리키는 것으로 생각된다.

포르투갈은 아프리카 대륙을 더 먼 곳까지 남하해 1466년에는 베르데 곶 제도의 산티아고 섬, 1482년에는 황금 해안의 상 조르즈 다 미나에 요새를 건설했다. 이후 상 조르즈 다 미나는 금 무역의 거점이 되었다. 사실 포르투갈이 노예무역에 나선 것은 금 획득의 일환이었다. 그들은 획득한 노예를 황금 해안으로 데려가 금과 교환했다. 이 노예들은 내륙부의 금 광산에서 채굴 노동에 동원되었다.

글자 그대로 금 무역의 거점으로 개발된 황금 해안은 16세기 중반까지 노예무역의 거점으로도 중요한 역할을 했다. 15세기 후반에는 연간 수백 명에서 2,000명 남짓, 16세기 전반에는 세네갈, 감비아, 시에라리온, 상上 기니에서 최대 연 3,000명 이상, 황금 해안과 노예 해안 등이 위치한 하下 기니, 콩고 등에서 최대 2,000명에 달하는 노예를 획득했다.

리스본에서는 매년 약 2,000명의 노예를 수입했으며 그중 절반은 다시 스페인이나 이탈리아 등으로 수출했다. 16세기 중반 리스본의 인구는 약 10만 명이었는데 그중 약 1만 명이 노예였다. 포르투갈 전체에 3만 명 이상의 노예가 존재했던 것으로 생각된다.

　왕실을 정점으로 귀족, 관리, 성직자, 상인 등의 부유한 계층은 노예 노동력을 수탈했을 뿐 아니라 자신들의 부와 권력을 과시하기 위해 노예를 소유했다. 앞에서도 언급했지만, 그런 노예들은 대부분 가내 노예였다. 또한 길드 장인들의 도제 제도 가장 밑바닥에도 노예 노동이 존재했다. 노예는 선원, 인부, 행상, 매춘 등에 사역되고 농업 지역에서는 하인이나 목부 등으로 일했다. 포르투갈 왕국은 노예제 사회였던 것이다.

　노예는 물론 금, 상아 등 아프리카와의 무역이 궤도에 오르자 왕실은 1481년 무역 독점권을 행사했다. 당시 포르투갈에서 아프리카로 수출한 상품은 말, 소맥, 카펫, 직물, 구슬, 금속 제품 등이었다. 왕실은 1486년 노예무역을 총괄하는 리스본 노예국Casa dos Escravos을 창설했다. 이 조직은 아프리카 무역 전체를 통괄하는 기네 무역관Casa da Guiné의 지부 조직의 역할을 수행했다. 리스본 노예국은 노예 상인들에게 무역 허가장을 발행해 왕실의 수입을 확보했다. 또 리스본에 끌려온 노예를 검사·심사하고 노예 경매를 열어 매각한 후 관세를 징수했다.

3. 드러나는 400년 노예무역의 실태──역사학의 새로운 도전

커틴의 통계적 연구

포르투갈의 뒤를 이어 네덜란드, 프랑스, 영국, 덴마크 등의 유럽 국가들도 대서양 노예무역에 뛰어들었다. 그리고 15세기 후반부터 19세기 중반까지 노예무역은 각국의 중요 사업으로 계속되었다. 여기서는 그동안의 연구사를 바탕으로 400년에 걸친 노예무역의 실태를 거시적인 관점에서 살펴보기로 하자.

미국의 역사학자 필립 D. 커틴Philip D. Curtin은 『대서양 노예무역─그 통계적 연구』(1969)를 통해 대서양 노예무역 연구의 금자탑을 달성했다. 그는 이 연구서에서 대서양 노예무역에 관한 표 2와 같은 추산치를 내놓았다.

커틴은 아프리카에서 배에 실린 노예의 수, 카리브 해 제도를 포함한 남북아메리카에 내려진 노예의 수와 설탕 생산량, 유럽에서 아프리카로 수출된 상품의 수량 등을 나타낸 1차 사료를 이용하고 선행 연구를 비판적으로 검증하며 처음으로 대서양 노예무역 전체의 규모를 과학적으로 추산했다. 다만, 주의해야 할 것은 이 수치는 살아서 배를 내린 노예의 수로 대서양 항해 도중──중간 항로에서──죽거나 아프리카 내륙부에서 연안으로 끌려가다 목숨을 잃은 노예는 포함되어 있지 않다. 나중에 이야기하겠지만, 그런 노예들도 다수에 달했다.

커틴의 추산치 중 가장 눈에 띄는 점은, 15세기 후반부터 16세

표 2 커틴의 추산치(1451-1870)

(단위: 천 명)

지역 및 국가	1451-1600년	1601-1700년	1701-1810년	1811-1870년	합계
영국령 북아메리카	—	—	348	51	399
스페인령 아메리카	75	292.5	578.6	606	1,552.1
영국령 서인도	—	263.7	1,401.3	—	1,665.0
프랑스령 서인도	—	155.8	1,348.4	96	1,600.2
네덜란드령 서인도		40	460	—	500
브라질	50	560	1,891.4	1,145.4	3,646.8
구대륙	149.9	25.1	—	—	175
기타	—	4	24	—	28
합계	274.9	1,341.1	6,051.7	1,898.4	9,566.1

출전) Curtin, *The Atlantic Slave Trade*, p. 268.

기에 걸쳐 구대륙에 유입된 노예의 수가 신대륙보다 많았다는 것
이다. 여기서 말하는 구대륙은 유럽과 아프리카 연안의 마데이라
제도, 카나리아 제도, 상투메 섬 등이다. 앞서 이야기했듯 리스본
이나 스페인의 세비야에는 꽤 많은 흑인 노예가 있었으며 마데이
라 제도와 카나리아 제도의 설탕 플랜테이션에서는 흑인 노예를
사역에 동원했다.

다음으로 눈에 띄는 특징은 영국령 북아메리카(혹은 독립 후의 아메
리카합중국)의 노예 수가 일반적으로 상상할 수 있는 수치보다 적다
는 것이다. 남북전쟁(1861~1865) 이전 합중국의 노예 수가 4백만 명
에 육박했던 것을 생각하면 커틴의 추산치가 지나치게 적다며 비
판받았다.

하지만 이 지역의 흑인 인구가 자연적으로 증가한 점, 18세기 말

부터 흑인 노예들을 혼인시켜 태어난 자녀를 또 다시 노예로 삼는 이른바 '노예 사육' 사업이 생겨나면서 그런 노예들이 다수 최남부 지방의 면화 플랜테이션 농장으로 팔려갔다는 점을 고려해야 한다.

시기적으로는 18세기부터 19세기 초에 전체 노예무역 수의 60%가 집중되는 전성기를 맞았다는 것을 알 수 있다. 18세기는 유럽 노예 상인들 간의 경쟁이 치열하고 플랜테이션 경제가 발전함에 따라 노예 수요도 정점에 달한 시기였다. 지역적으로는 카리브 해 제도와 브라질에 노예무역의 80%가 집중되었다. 카리브 해 제도에는 유럽 열강들의 식민지가 형성되었으며 브라질에서는 16세기 중반부터 19세기 말까지 각종 플랜테이션 농업이 성쇠를 거듭했다.

커틴은 이 연구서를 대서양 노예무역의 전모를 밝히기 위한 출발점으로 규정하고 새로운 연구 성과가 나오면 수정되어야 한다고 여겼다. 다만, 새로운 수정치가 나온다고 해도 수입된 노예의 총수가 8백만 명 이하로 줄거나 1,050만 명 이상으로 늘어나는 일은 없을 것으로 보았다.

새로운 연구 자료의 등장

커틴의 연구 이후 등장한 다양한 수정치 중 두 사람의 자료를 소개하려고 한다. 한 사람은 앞에서도 소개한 나이지리아 출신 조셉

E. 이니코리로 수입 노예의 총수를 1,339만 명으로 산정했다(1976년). 다른 한 사람인 P. E. 러브조이Paul E. Lovejoy는 그 수를 978만 명으로 산정했다(1982년). 커틴의 추산보다 각각 40%와 2% 더 많은 수치이다.

그 후로도 많은 연구자들이 대서양 노예무역의 더욱 정밀한 추산치를 구하기 위해 노력했다. 그중에서도 열정을 쏟은 것이 노예선 항해 자료의 조사와 수집이었다.

항해 자료를 통합하기 위해 1990년대부터 본격적으로 시작된 연구는 인터넷 보급의 물결을 타고 각국의 노예무역 연구자들이 결집해 21세기의 처음 10년간 커다란 성과를 이루었다. 400년에 걸친 노예무역 항해 자료 3만 5,000건 이상이 웹사이트 '노예 항해(www.slavevoyages.org)'에 무료로 공개되었다.

이 작업을 주도한 것은 영국의 역사학자 D. 엘티스David Eltis와 D. 리처드슨David Richardson이다. 그들은 이 항해 자료를 1차 사료로 삼아 몇 가지 가설을 세움으로써 대서양 노예무역의 전모를 추산했다. 그 결과가 표 3이다. 이 표에 따르면, 살아서 배에서 내린 수입 노예의 총수는 1,070만 명으로 커틴의 추산치보다 12% 증가했으며 상한 추산치보다도 조금 늘었지만 점차 그의 상한치 부근에서 안정될 것으로 보인다.

이 표를 보면, 표 2에서 커틴이 추산한 수치와 비슷한 특징을 보인다는 것을 알 수 있다. 하지만 지역적으로 보면 스페인령 아메리카의 수입 노예 수는 27%, 프랑스령 서인도 지역에서 32%,

표-3 엘티스와 리처드슨의 추산치(1501-1867년)

(단위: 천 명)

지역 및 국가	1501-1600년	1601-1700년	1701-1810년	1811-1867년	합계
영국령 북아메리카	—	15	367.1	4.8	386.9
스페인령 아메리카	50.1	198.9	215.6	675.6	1,140.2
영국령 서인도	—	306.3	1,931.2	8.6	2,246.1
프랑스령 서인도	—	29.4	1,002.6	61.9	1,093.9
네덜란드령 서인도	—	124.2	316.2	4.3	444.7
브라질	29	782.2	2,302.1	1,697.0	4,810.3
구대륙	0.6	5.9	13.8	143.9	164.2
기타	119.5	60.7	188.6	47.2	416
합계	199.2	1,522.6	6,337.2	2,643.3	10,702.3

출전) Eltis/Richardson, eds., Extending the Frontiers, pp. 48-51.

네덜란드령 서인도 지역에서는 11%가 감소했으며 반대로 영국령 서인도 지역에서는 35%, 브라질에서는 32%가 증가했다. 또한 시기적으로 노예의 수는 17세기에 16%, 1701~1810년에는 5%, 1811~1870년에는 39%가 증가했으며 특히, 19세기에 현저히 증가한다.

이제 이 새로운 자료가 만들어진 과정을 간단히 살펴보며 그 역사적 의의에 대해 설명하고자 한다.

1960년대 말 무렵 커틴과는 별개로 H. S. 클라인Herbert S. Klein 등의 연구자들이 노예무역 항해에 관한 공문서 자료를 모으기 시작해 1980년대 말에는 약 1만1,000건의 항해 자료를 수집했다. 하지만 여기에는 대서양 이외의 자료며 노예무역 항해가 아닌 자료들도 다수 포함되어 있었으며 중복되는 자료도 있었다. 무엇보다 강조하고 싶은 것은 자료를 수집하던 연구자들이 컴퓨터를 이용하기 시작한 최초의 세대였다는 점이다.

대서양의 노예무역 항해 자료를 단일 자료로서 통합하려는 생각은 앞서 소개한 엘티스와 대서양사 연구자 S. D. 베렌트Stephen D. Behrendt가 1990년 런던의 공문서관에서 처음 만나면서 탄생했다고 한다. 1991년의 아메리카 역사학회와 이듬해 열린 '아프로 아메리칸 연구를 위한 두 보이스 연구소'(하버드 대학교) 회합에서 이 연구에 대한 몇몇 재단의 자금 지원이 논의되었다.

더욱 주목해야 할 것은 이 연구에 대해 알게 된 다른 연구자들이 자청해서 미공개 자료를 제공했다는 것이다. 국경을 초월한 노예무역 연구자들의 네트워크가 형성된 것이다.

연구가 시작된 지 3년여 만에 세 가지 중요한 성과를 달성했다. 첫 과제는 기존의 자료를 표준화하는 일이었다. 정보 항목의 정의와 정리를 통해 정합적인 양식이 만들어졌다. 두 번째 과제는 서로 다른 자료에 등장하는 항해 관련 내용을 교합하는 일이었다. 세 번째 과제는 새로운 정보를 추가하는 일이었다.

이렇게 수많은 연구자들의 창의적 연구와 노력의 결실이 1999년 CD-ROM판으로 나온 대서양 노예무역 자료이다. 여기 담긴 2만7,233건의 항해 자료 중 절반가량이 새로운 자료였다. 대서양 노예무역 연구 사상 최초의 전자 문서인 이 자료를 앞으로는 TST-DTransatlantic Slave Trade Database 1이라고 부르기로 한다.

TSTD 2로

이런 획기적인 TSTD 1에도 약점이 있었다. 그중에서도 가장 큰 결함은 포르투갈과 브라질 선박에 대한 항해 자료가 부족한 것이었다. 또 스페인 선박의 항해 자료도 충분치 않았다. 그 밖에도 1662년 이전과 1711~1779년 런던의 노예무역, 1630년 브라질 북동부의 페르남부쿠 점령에서 제2차 서인도회사 설립(1674년)에 이르기까지 네덜란드의 노예무역, 프랑스의 노예무역 초기에 관한 자료 등이 부족했다.

이번에는 일군의 연구자들이 2001년부터 2005년에 걸쳐 루안다(앙골라), 리우데자네이루, 바이아(브라질), 리스본, 하바나, 마드리드, 세비야, 암스테르담, 겐트(벨기에), 코펜하겐, 런던, 미델뷔르흐(네덜란드)의 공문서를 조사해 새로운 항해 자료 8,232건을 찾아냈다. 그와 동시에 TSTD 1에 포함되어 있던 1만9,729건을 새로운 항해 자료로 수정할 수 있었다. 이 새로운 자료를 TSTD 2라고 부르기로 한다.

TSTD 1, 2를 구축하기 위해 역사학자들이 찾아낸 1차 사료는 어떤 것이었을까. 기본적으로는 각국의 공문서가 이용되었다. 영국에서는 의회 보고서British Parliamentary Papers와 국립 공문서관 British National Archives, 영국 외에는 세비야의 인디아스 공문서관 Archivo General de Indias, 바이아의 사우바도르 시 역사 공문서관 Arquivo Histórico Municipal de Salvador, 앙골라 역사 공문서관Arquivo Histórico Nacional de Angola 등의 자료이다. 또 로이즈 선명록Lloyd's

Register of Shipping 등의 자료도 이용했다. 앞서 언급했듯 보험업의 발전은 노예무역과 밀접한 관계가 있다.

이 자료에서 주목해야 할 것은 포르투갈과 브라질 노예무역 항해에 관한 지식이 크게 진전되었다는 점이다. 1888년 브라질의 노예제가 폐지되면서 과거 노예무역에 관한 문서 대부분이 소각되어 1차 사료를 이용한 연구가 거의 불가능할 것이라 생각되었기 때문에 포르투갈과 브라질의 자료가 추가된 것은 역사적으로도 큰 의의를 지닌다. TSTD 1의 포르투갈·브라질의 노예무역 항해 수는 6,183건이었지만 TSTD 2에서는 1만1,382건으로 증가했다. 1999년 이후 추가된 노예선 항해의 약 60%가 포르투갈과 브라질에 관한 사료였다.

TSTD 1과 TSTD 2의 항해 자료에는 모두 226개의 포괄적인 변수 혹은 항목이 포함되어 있다. 주요 항목으로는 선박명, 톤수, 포의 개수, 선주명, 선박의 국적, 선장명, 선원 수, 출항지, 출항일, 아프리카의 정박지와 날짜, 배에 실은 노예의 수, 노예의 남녀 비율, 노예선의 하역항과 날짜, 배를 내린 노예의 수, 노예의 사망률, 귀환할 항구와 날짜 등이 있다. 또한 이런 정보의 출처도 분명히 밝히고 있다. 물론 모든 항목이 망라된 항해 자료는 없다. 항해에 따라서는 정보가 많기도 하고 거의 없는 경우도 있다. 예컨대, 날짜와 장소만 기록된 항해도 있다.

표 4는 TSTD 2의 226개 항목 중 가장 중요한 18개 항목과 그 정보를 기록한 항해의 숫자를 나타낸 것이다. 출항지나 노예 구입지

표 4 TSTD 2에 포함된 각 항목별 정보의 숫자

노예무역 항해	34,808
선박명이 판명된 항해	33,207
선장명이 판명된 항해	30,755
1명 이상의 선주명이 판명된 항해	20,978
노예선에 실렸을 것으로 예상되는 아프리카인의 숫자	10,125,456
노예선에서 내렸을 것으로 예상되는 아프리카인의 숫자	8,733,592
승선한 승조원 수가 판명된 항해	13,253
선박의 톤수가 기록된 항해	17,592
선박의 출항지가 기록된 항해	28,505
출항 날짜가 기록된 항해	25,265
아프리카 연안의 적하지가 기록된 항해	26,939
배에 실은 아프리카인의 수가 기록된 항해	8,547
하역항이 기록된 항해	28,985
하역항에 도착한 날짜가 기록된 항해	23,478
배에서 내린 아프리카인의 숫자가 기록된 항해	18,473
항해 도중 사망한 아프리카인의 숫자가 기록된 항해	6,382
배에서 내린 아프리카인의 나이나 성별이 기록된 항해	3,570
항해 결과가 기록된 항해	31,077
노예 반란이 기록된 항해	530

출전) Eltis/Richardson, eds., *Extending the Frontiers*, p. 9.

와 같은 지리적 기록에 대한 많은 정보를 수집할 수 있었다. 또 선주명, 선상에서의 사망률, 노예의 성별 구성에 대해서도 상당한 정보를 얻었다.

표 5를 통해 구체적인 항해 사례를 한 가지 설명해보자. 먼저, 항해 식별 번호는 76720이다. 선박명은 로렌스Laurence호로 국적은 영국, 톤수는 300톤, 포의 개수는 14개, 선주는 영국 남해 회사 The South Sea Company이다. 출항지는 런던이며 노예 구입지는 로안고, 노예 하역지는 부에노스아이레스이다. 출항일은 1730년 4

표 5 TSTD 2의 노예선 로렌스호에 대한 기록

항해 식별 번호	76720
국적	영국
건조지	영국
등록 장소	런던
톤수	300
포의 개수	14
선주	남해 회사
항해 성과	계획대로 항해 달성
출항지	런던
노예 집하지	로안고
노예 하역지	부에노스아이레스
항해 개시일	1730년 4월 21일
로안고 도착일	1730년 8월 14일
로안고 출항일	1730년 11월 16일
부에노스아이레스 도착일	1731년 1월 20일
부에노스아이레스 출항일	1731년 7월 2일
귀환일	1731년 10월 19일
선장명	아브라함 두마레스크
최초 승조원 수	50
구입 예정 노예 수	500
집하 노예 수	453
하역 노예 수	394
남성 노예 비율	65.6%
항해 중 노예 사망률	13.0%

월 21일, 귀환하기까지 약 1년 반이 걸렸다. 선장은 아브라함 두마 레스크, 선원은 50명, 배에 실은 노예의 수는 453명, 배에서 내린 노예 수는 394명, 남성 노예의 비율은 65.6%, 중간 항로에서 사망 한 노예의 수는 59명, 사망률은 13.0%였다.

뒤에서 자세히 설명하겠지만, 남해 회사는 1711년 영국에서 설립된 주식회사로 1713년 위트레흐트 조약으로 매년 4,800명 단위의 노예를 스페인령 아메리카에 공급할 수 있는 '아시엔토asiento'를 행사하는 국책 회사였다. 위의 항해에서 사용된 선박은 일반적인 노예선이 100~200톤이었던 것을 생각하면 다소 큰 편이었다.

처음 계획된 일정을 보면, 항해는 거의 예정대로 실행된 듯하다. 아프리카에서 머문 기간이 약 3개월인 것으로 보아 로안고 부근에서 순조롭게 노예를 획득할 수 있었다는 것을 알 수 있다. 다만, 부에노스아이레스에서 반년 가까이 머문 것은 노예 거래만 했다고 보기에는 꽤 긴 시간이다. 노예무역과 별개로 다른 임무가 있었는지도 모른다. .

새로운 자료로 알게 된 사실

TSTD 2에 포함된 노예무역 항해 자료를 통해 풍부한 정보를 얻을 수 있었지만 대서양 노예무역 항해 전체가 포함된 것은 아니었다. 이 자료를 바탕으로 대서양 노예무역의 전모를 파악하기 위해 엘티스와 리처드슨은 몇 가지 가설을 설정하고 추론을 전개했다. 그 일부를 소개하기로 하자.

예컨대, 이 자료 중 약 3,600회의 항해(전체 항해의 약 10%)에 대해서는 목적지가 아프리카라는 것 이외에는 아무런 정보도 얻을 수 없었다. 이런 경우, 모든 노예선이 신대륙 어딘가로 노예를 데리러 갔을 것이라고 가정한다. 물론, 이런 가정에 해당되지 않는 경우

표 6 아프리카 각지의 노예 수출 수

연도	1501-1600	1601-1700	1701-1800	1801-1867	합계
세네감비아	147,280	136,104	363,186	108,942	755,512
시에라리온	1,405	6,843	201,985	178,538	388,771
풍상 해안	2,482	1,350	289,583	43,453	336,868
황금 해안	—	108,679	1,014,528	86,113	1,209,320
베냉 만	—	269,812	1,284,586	444,662	1,999,060
비아프라 만	8,458	186,322	904,615	495,165	1,594,560
서중앙 아프리카	117,878	1,134,807	2,365,203	2,076,685	5,694,573
남동 아프리카	—	31,715	70,931	440,022	542,668
합계	277,503	1,875,632	6,494,617	3,873,580	12,521,332

출전) Eltis/Richardson, eds., *Extending the Frontiers*, pp. 46-47.
주) 수치의 오류를 일부 수정했다.

예를 들어 대서양상에서 다른 배에 나포된 기록이 있다면 제외한
다. 그리고 실제 노예선이 목적한 항구에 도착했다고 가정한다.
배에 실은 노예 수를 알 수 없는 경우에는 배에서 내린 노예의 수
를 바탕으로 평균적인 사망률을 적용해 그 수를 추산한다. 반대로
배에서 내린 노예의 수를 알 수 없는 경우에는 배에 실은 노예의
수로 추산한다. 노예 수에 대한 정보가 전혀 없는 경우에는 배의
크기나 장비 혹은 항해 경로나 시기 등으로 추론한다.

이런 단계를 거쳐 커틴의 대서양 노예무역에 관한 과학적 추산
으로부터 약 40년 후 노예무역 항해 자료를 바탕으로 역사적 사실
에 더욱 근접한 추산이 등장했다. 그 내용을 정리한 것이 앞서 소
개한 표 3이다.

한 가지 더 소개하고 싶은 것이 아프리카 각지에서 수출된 노예

의 숫자(추산치)이다. 표 6은 노예가 실린 주요 지역을 8개로 나누고 각각의 지역에서 배에 실린 노예의 수를 시기별로 나타냈다. 이것을 도식화한 것이 그림 1-2이다. 노예를 가장 많이 실어온 지역은 지금의 콩고에서 앙골라에 걸친 서중앙 아프리카로 전체의 약 절반에 이른다. 서아프리카에서는 베냉 만의 노예 해안이 가장 많고 다음이 비아프라 만 부근이다. 시기로는 역시 18세기가 전체의 절반 이상을 차지하며 19세기가 그 뒤를 잇는다. 표 3과 표 6을 바탕으로 추산한 중간 항로에서의 노예 사망률은 14.5%이다.

앞으로도 다소 개정되는 내용이 있겠지만 현재로서는 거의 완성 단계에 근접했다고 생각한다. 커틴의 추산과 새로운 연구 자료를 바탕으로 한 추산의 차이점이라면 일단 전자가 커틴 혼자 수행한 연구인 데 반해 후자는 연구를 주도한 인물이 있긴 하지만 대부분이 연구를 지지한 연구자 집단에 의해 완성되었다는 점이다.

게다가 이 연구자 집단은 지리적으로 먼 곳에 있어도 인터넷을 통해 결집함으로써 성과를 내고 그 내용을 공유할 수 있었다. 인터넷 세대의 새로운 공동 연구 방식과 가능성을 보여준 성과로서 자료는 인터넷을 통해 무료로 공개되었다. 노예무역에 관심이 있는 사람이라면 언제 어디서나 쉽게 접근할 수 있다. 물론, 이 연구가 결실을 맺기까지 자금을 지원한 후원자의 역할도 매우 컸다.

이 새로운 연구 자료를 바탕으로 수정된 몇 가지 통설이 있다.

예를 들면, 지금까지 노예무역 항해 횟수가 가장 많았을 것으로 여겨졌던 영국보다 포르투갈과 브라질의 선박이 더 많은 노예를

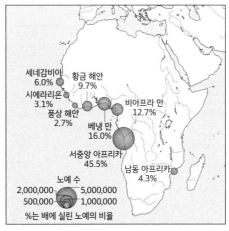

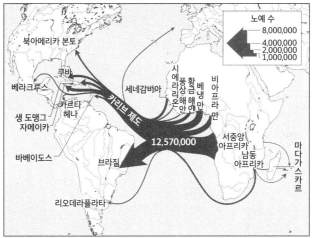

그림 1-2 대서양 노예무역선의 출발지와 경로(1501-1867년. 엘티스/리처드슨 『환대서양 노예무역 역사 지도』 지도 1, 9를 바탕으로 작성)

표 7 노예무역 항해가 조직된 주요 20개 항구를 출항한 선박을 통해 수송된 아프리카인 노예 수(1501-1867년)

(단위: 천 명)

항구	노예 수	항구	노예 수
리우데자네이루(브라질)	1,507	텍셀(네덜란드)	165
사우바도르 데 바이아(브라질)	1,362	르 아브르(프랑스)	142
리버풀(영국)	1,338	보르도(프랑스)	134
런던(영국)	829	블리싱겐(네덜란드)	123
브리스틀(영국)	565	로드아일랜드*(아메리카)	111
낭트(프랑스)	542	미델뷔르흐(네덜란드)	94
레시페(브라질)	437	세비야**(스페인)	74
리스본(포르투갈)	333	생 말로(프랑스)	73
하바나(쿠바)	250	브리지타운(바베이도스)	58
라 로셸(프랑스)	166	카디스(스페인)	53
합계			8,356

출전) 엘티스/리처드슨 『환대서양 노예무역 역사 지도』 39항.
주) * 뉴포트, 프로비던스, 브리스틀, 워랜의 총칭.
    ** 산루카르 데 바라메다를 포함한다.

실어 날랐다는 사실이 드러났다. 유럽 최대의 노예무역항 리버풀이 실은 브라질의 리우데자네이루나 사우바도르 데 바이아에 미치지 못했던 것이다(표 7).

또 영국의 노예무역항 중 런던은 리버풀에는 미치지 못하지만 브리스틀보다 많은 노예를 수입했다는 것도 드러났다. 프랑스 최대의 노예무역항 낭트는 브리스틀에 이어 6위로 나타났다. 앞으로도 이 자료를 이용한 노예무역 연구가 더욱 늘어날 것으로 기대된다.

마지막으로 유의해야 할 것은 제2장에서도 자세히 설명하겠지만 다양한 사람들이 노예무역 항해에 관여했다는 점이다. 아프리카 내륙에서 해안으로 끌려와 배에 실린 수많은 노예들뿐 아니라 그런 노예선을 조직하고 투자한 사람을 비롯해 선장, 선원, 의사, 요리사 등 실제 노예선 운항에 참여한 사람들 모두 조금 과장하면 인생을 걸고 항해에 나선 것이다.

4. 아시엔토 노예무역의 의미

스페인령 아메리카의 형성

1492년 8월 3일, 콜럼버스Christopher Columbus는 3척의 배를 이끌고 스페인 남서부의 팔로스 항을 출발했다. 카나리아 제도를 경유해 10월 12일 바하마 제도의 산살바도르 섬에 도착했다. 계속해서 쿠바와 에스파뇰라 섬(지금의 아이티 공화국과 도미니카 공화국) 등을 탐험하고 1493년 3월에 귀환했다.

카리브 해 제도에서 만난 원주민(인디오)들에 대해 다음과 같은 기록을 남기기도 했다(『콜럼버스 항해기』). '하나같이 건강하고 아름다운 몸을 지녔으며 얼굴도 무척 잘생겼다', '인디오들은 무엇이든 아끼지 않고 기꺼이 내주었다.' 한편 다음과 같은 내용도 있다. '이들에겐 종교가 없으니 쉽게 기독교인으로 만들 수 있을 것이다', '그들은 훌륭한 노예가 될 것이다.' 에스파뇰라 섬에서는 황금을 발견했다. 원주민과 황금에 대한 소식은 이내 스페인 왕실에 전해졌다.

1493년 9월 두 번째 항해에 나선 콜럼버스는 17척의 배에 1,500명가량의 스페인인을 싣고 에스파뇰라 섬으로 향했다. 항해 목적은 원주민들에 대한 기독교 포교와 황금 사냥이었다.

하지만 선원들은 대부분 황금에 혈안이 되어 있었다고 한다. 원주민들을 위협해 금광을 찾아냈다. 이런 상황을 증명하듯 일찍이 1494년 말 최초의 원주민 반란이 발생해 스페인인 10명이 목숨을 잃었다. 스페인 측도 반격에 나서면서 많은 원주민들이 목숨을 잃고 살아남은 이들은 포로가 되었다. 이런 포로들 중 550명가량이 이듬해 스페인으로 끌려가 노예로 팔렸다. 강제 노동→반란→진압·노예화→강제 노동이라는 가혹한 순환이 되풀이되었다. 스페인에 의한 신대륙 식민지화의 시작이었다.

구대륙과의 접촉으로 원주민 인구가 감소하기 시작했다. 식민지 거점으로 개발된 에스파뇰라 섬은 콜럼버스 이전에 20~30만 명이었던 인구가 1506년에는 6만 명으로 줄고 1514년에는 1만 4,000명까지 감소했다. 쿠바도 마찬가지로 6만 명이었던 인구가 1544년에는 1,000명까지 감소했다. 다른 섬들에서도 비슷한 사태가 발생했다. 하지만 이런 사태는 신대륙 전체 원주민들의 대규모 인구 감소의 전조에 불과했다.

인구 감소의 직접적인 원인은 유럽에서 들어온 전염병이었다. 천연두, 홍역, 인플루엔자, 페스트, 티푸스 등 원주민들이 면역을

그림 1-3 스페인령 아메리카와 브라질(마스다 요시오[增田義郞] 『대항해 시대』
고단샤, 1984년, 160쪽을 바탕으로 작성)

가지고 있지 않은 전염병이 맹위를 떨쳤다. 이것은 단순한 병리
현상이 아니다. 원주민들을 지배한 스페인인이 그들의 전통적인
사회 구조와 문화를 파괴하고 육체적·정신적 외상을 입힌 배경에
서 기인한 현상이었다.

스페인인들은 카리브 해 제도를 지나 대륙으로 향했다. 1519년 콜럼버스로부터 한 세대 뒤의 인물인 에르난 코르테스Hernan Cortes는 아스테카 왕국 영토에 침입해 2년 후 테노치티틀란 왕궁을 점거했다. 광대한 누에바 에스파냐 부왕령 탄생의 단초가 마련된 것이다.

남쪽에 있다는 '황금 도시'에 대한 소문을 들은 스페인인들은 지금의 중앙아메리카와 남아메리카를 향해 탐험을 계속했다. 그들이 도착한 곳은 잉카 제국이었다. 프란시스코 피사로Francisco Pizarro는 1532년 11월 카하마르카에서 잉카 제국의 아타우알파 황제를 사로잡아 몸값을 요구했다. 이듬해 7월에는 황제를 처형하고 11월에는 제도 쿠스코에 입성해 잉카 제국을 지배하고 페루 부왕령 창설의 단초를 열었다.

이로써 16세기 중반까지 지금의 캘리포니아, 플로리다, 멕시코, 중앙아메리카, 콜롬비아, 베네수엘라, 에콰도르, 페루, 볼리비아, 칠레, 아르헨티나 등을 포함한 광대한 식민지를 건설했다(그림 1-3). 스페인령 아메리카의 부의 원천은 주로 은이었다. 누에바 에스파냐 부왕령의 과나후아토와 사카테카스, 페루 부왕령의 포토시에는 풍부한 은 광산이 있었다. 여기서 채굴된 은은 유럽으로 들어가 이른바 '가격 혁명'을 일으키고, 유럽에서 아시아로 이동해 다양한 상품과 교환되었다. 은에 의한 세계 경제의 대순환은 스페인의 신대륙 지배에서 비롯된 것이었다.

아시엔토 노예무역

은 채굴 현장은 표고가 높아 전적으로 원주민 노동력에 의지할 수밖에 없었다. 그러나 16세기 대륙의 원주민 인구도 카리브해 제도와 마찬가지로 크게 감소했다. 누에바 에스파냐 부왕령은 아스테카 왕국 시대에 2,500만 명이었던 인구가 17세기 초가 되자 약 100만 명으로 격감했다. 페루 부왕령도 잉카 제국 시대에 1,000만 명이던 인구가 1590년에는 130만 명으로 감소했다.

콜럼버스 시대 이전, 카리브해 제도를 포함한 남북 아메리카 전체에 5,500만 명이던 원주민 인구가 17세기 초에는 1,000만 명까지 감소했다고 한다. 직접적인 원인은 앞서 언급한 전염병 때문이었지만 그 배경에는 스페인과 포르투갈의 식민 지배가 있었다.

식민지 지배를 확대해 나가던 스페인은 줄어든 원주민 인구를 '충당할' 노동력이 필요했다. 다름 아닌 아프리카 각지에서 끌려온 흑인 노예들이다.

다만, 스페인인들이 직접 노예무역에 뛰어든 것은 아니다(19세기 쿠바의 설탕 플랜테이션 농장에 흑인 노예를 보낸 것을 제외하면). 즉, 16세기부터 18세기에 걸친 오랜 기간 동안 스페인령 아메리카에 노예를 공급한 주체는 스페인이 아닌 타국의 상인들이었다.

대서양 노예무역의 역사는 한 나라만 살펴보아서는 파악할 수 없다. 그것은 앞서 설명한 거시적인 동향 그리고 TSTD의 획기적인 성과를 통해서도 이해할 수 있을 것이다. 유럽 각국은 서로 경합하면서도 한편으로는 국경을 초월한 노예무역을 추진해 나갔다.

여기서 주목해야 할 것은 스페인이 노예무역을 추진하기 위해 '아시엔토asiento'라는 전통적인 제도를 이용했다는 점이다. 이제 아시엔토 노예무역에 대해 자세히 살펴보자.

'아시엔토'는 본래 스페인 왕실의 공익사업 혹은 그 관리를 위해 왕실과 민간인 사이에 체결한 도급 계약을 가리키는 말이었다. 하지만 16세기 이후부터는 신대륙 정복과 식민지 개발로 발생한 노동력 부족을 해결할 목적으로 흑인 노예를 도입하기 위해 맺은 도급 계약만을 의미하게 되었다.

1513년 스페인 왕실이 최초의 아시엔토 허가장을 발행했다. 계약자는 노예 1명당 2두카트Ducat(베네치아에서 처음 만들어져 유럽 전역에서 쓰인 당시의 국제 통화-역주)의 세금을 왕실에 납부해야 한다는 규정이었다. 당시에는 일단 포르투갈 상인이 세비야로 끌고 온 노예를 카리브 해 제도로 수출했기 때문에 그 수는 한정적이었다. 1518년 스페인의 카를로스 1세는 자신이 총애하는 신하 로랑 드 구브노Laurent de Gouvenot에게 포상으로 독점에 가까운 허가장을 주었다. 5년 동안 흑인 노예 4,000명을 카리브 해 제도에 수출할 수 있다는 내용이었다. 그는 이 허가장을 2만5,000두카트를 받고 세비야의 제노바인에게 팔았다.

1528년에는 푸거Fugger 가에 필적하는 독일의 대부호 벨저Welser 가의 대리인이 이 허가장을 받는다. 4년 동안 4,000명의 노예를 수출할 수 있다는 내용이었다. 벨저 가는 왕실에 2만 두카트를 납부했다. 이 허가장에는 노예 매각지로 쿠바, 에스파뇰라, 자메이카의 카리브 해 제도 외에 유카탄 반도를 포함한 멕시코 지역이 추가되었다. 1532년에는 아시엔토 발행 권한이 왕실에서 신대륙 무역을 총괄하는 인디아스 상무원Casa de Contratación de las Indias으로 넘어갔다.

16세기 말까지 왕실과 인디아스 상무원이 발행한 허가장은 방대한 수에 달했다. 왕실과 특별한 협약을 맺은 상인, 사업가, 왕실 측근, 인디아스 상무원 관계자, 정복·식민 활동에 공헌한 인물 등 다양한 사람들이 허가장을 받았다. 물론, 실제 노예를 공급한 것은 허가장을 받은 사람이 아닌 포르투갈의 상인이었다. 참고로, 1601~1700년 스페인령 아메리카로 수출된 흑인 노예의 숫자는 TSTD 2의 추산에 따르면 약 20만 명이다.

1580년 포르투갈의 아비스 왕조가 단절되자 스페인의 펠리페 2세가 포르투갈의 왕을 겸하게 되었다. 이른바 '동군 연합'이다. 그로 인해 아시엔토 소유자와 실제 노예 공급자 간의 분리가 해소될 가능성이 생겨났다. 하지만 동군 연합은 형식에 불과했을 뿐 스페인과 포르투갈의 대립 특히 무역을 둘러싼 이해 대립을 즉시 해결할 수는 없었다.

1595년 포르투갈인 페드로 고메스 레이넬Pedro Gomes Reinel이 아시엔토 허가장을 받았다. 매년 4,250명의 흑인 노예를 9년간 공급할 수 있으며 식민지 입항은 카르타헤나(지금의 콜롬비아)에만 한정된다는 내용이었다. 이 항구는 17세기 내내 스페인령 전체로 공급할 노예를 받아들이는 항구로서 부동의 위치를 점했다. 레이넬은 이 계약으로 매년 10만 두카트를 납부했다.

1600년 레이넬의 아시엔토 허가장이 파기되고 대신 포르투갈령 앙골라의 총독이었던 J. R. 쿠티뉴João Rodrigues Coutinho가 허가장을 받았다. 1615년에는 포르투갈의 상인 A. F. 엘바스António Fernandes de Elvas, 1623년에는 M. R. 라메고Miguel Rodrigues Lamego가 아시엔토를 받았다. 라메고의 계약 내용은 8년간 매년 3,500명의 노예를 공급하고 연간 12만 두카트를 납부하는 것이었다. 라메고는 재정적으로 성공을 거둔 최초의 인물로 평가된다. 1631년부터 8년간은 두 명의 포르투갈인이 공동으로 아시엔토 허가장을 받았다. 그리고 1640년 포르투갈이 스페인으로부터 독립한 것을 계기로 포르투갈인에 의한 아시엔토 노예무역은 마침표를 찍었다.

이처럼 17세기 최초의 40년간은 포르투갈인이 아시엔토를 독점해 스페인령 아메리카에 노예를 수출했다. 입항지로는 위에서 이야기한 카르타헤나와 함께 1615년 베라크루스(지금의 멕시코)가 추가되었다. 멕시코와 그 주변 지역의 노예 수요가 높아졌기 때문이다. 카르타헤나에서 육로를 이용해 노예를 태평양 연안까지 끌고 가 그곳에서 해로를 이용해 페루 부왕령 리마로 운송하기도 했다. 이런 방식은 주로 스페인인과 크리오요criollo(북아메리카의 에스파냐 식민지 태생의 백인) 노예상인 집단에 의해 이루어졌다.

포르투갈 상인 이후

1640~1662년은 아시엔토의 공백 기간이었다. 17세기 중반에는 네덜란드의 뒤를 이어 영국과 프랑스가 아프리카 연안 및 카리브 해 제도로 진출해 노예무역을 위한 거점을 개설하거나 그 준비에 박차를 가했다.

1590년대에 이미 네덜란드는 황금 해안에서 포르투갈의 무역 거점 상 조르즈 다 미나 요새를 침략해 엘미나 요새를 건설했다. 또 1590년대 말에는 마찬가지 노예 집적지였던 상투메 섬도 침탈했다. 네덜란드는 1634년 카리브 해 제도에서 스페인의 영토였던 베네수엘라 북부의 퀴라소 섬을 빼앗고 신대륙에서는 1630년 브라질 북동부의 페르남부쿠를 점령해 그곳에서 번성하던 설탕 플랜테이션을 가로챘다.

영국은 아프리카의 감비아에 거점을 건설하고 카리브 해 제도의 바베이도스, 안티구아, 자메이카 등을 식민지화했다. 프랑스는 아프리카의 세네갈과 노예 해안(다호메이)에 거점을 구축하고 카리브 해 제도의 마르티니크, 과들루프, 에스파뇰라 섬 서부의 생 도맹그(아이티) 등을 식민지화했다. 카리브 해 제도의 영국 및 프랑스령들은 모두 스페인으로부터 침탈한 지역으로 후에 설탕 식민지로 번성한다.

아시엔토에 대한 이야기로 돌아가자. 1662년 제노바의 상인 D. 그릴로Domingo Grillo와 라멜린Lamelin 가의 삼형제가 아시엔토를 획득했다. '그릴로 계약'으로 알려진 이 아시엔토는 매년 3,500단위의 노예를 7년간 공급할 수 있으며 계약료로 매년 30만 페소를 납부해야 한다는 내용이었다. 여기서 말하는 '단위(單位, pieza de Indias)'란 노동력으로서 노예의 능력을 기준으로 한 계산 단위로 예컨대, 건강한 성인 남성을 1단위로 하여 어린아이의 경우 5~10세는 1/2단위, 10~15세는 2/3단위 등으로 헤아렸다. 따라서 노예 수는 단위 수보다 훨씬 많아진다. 영국 남해 회사의 경우 1단위＝3/4명 정도였다. 또 한 가지 다른 점은 통화 단위로 스페인의 페소(은화)가 사용되었다는 것이다.

제노바 상인이 아시엔토를 획득하기는 했지만 그때까지 스페인령의 농장주들은 네덜란드 상인과의 밀무역으로 노예를 조달하고 있었기 때문에 노예무역에 진출하기가 쉽지 않았다. 게다가 그들 역시 대부분의 노예 공급을 네덜란드령 퀴라소 섬에 의존할 수밖에 없는 상황이었다. 이 섬은 카리브 해 제도에서 네덜란드의 밀무역을 주도하는 거점이 되어 있었다. 1668년 제노바 상인은 네덜란드의 밀무역업자와 타협을 통해 계약을 갱신했다.

이어서 1674년에는 두 명의 카스티야 출신 상인 A. 가르시아 António Garcia와 S. 실리세오Sebastian de Síliceo가 아시엔토를 획득했다. 이들은 네덜란드 서인도 회사의 출자자이기도 했던 B. 코이맨스Balthazar Coymans로부터 출자를 받았으나 1676년 파산과 함께 담보로 잡힌 아시엔토 권한을 잃었다. 계속해서 1679년 제노바의 상인 J. B. 포조Juan Barroso del Pozo가 아시엔토를 획득하고 1682년 계약을 갱신했지만 얼마 후 세상을 떠나면서 아시엔토는 네덜란드와 밀접한 금융적 결합을 갖고 있던 동업자 N. 포르치오Nicolás Porcio에게 넘어갔다.

그리고 마침내 1685년 앞서 언급한 코이맨스가 아시엔토 계약을 맺게 된다. 이로써 지금까지 밀무역과 같은 '뒷길'로 스페인령에 노예를 공급하던 네덜란드 상인이 명실공히 아시엔토 무역에 종사하게 되었다.

1696년에는 또다시 포르투갈의 카체우 회사가 아시엔토를 획득하고 1701년에는 프랑스의 기니 회사가 아시엔토 권한을 손에 넣었다. 1700년 부르봉 가 루이 14세의 손자 앙주 공작이 스페인 국왕(펠리페 5세)으로 즉위하면서 프랑스와 스페인 사이의 밀월 관계가 시작된 것을 배경으로 프랑스가 스페인령 아메리카에 대한 노예무역을 독점하게 된다. 이 회사에는 프랑스와 스페인 왕실이 각각 1/4씩 출자했다. 하지만 1701년 펠리페 5세의 스페인 왕위를 둘러싸고 벌어진 스페인 계승 전쟁으로 노예 공급에 큰 지장이 생기면서 1710년 결국 프랑스 기니 회사는 파산 선고를 받았다.

영국 남해 회사

1713년 스페인 계승 전쟁을 종결시킨 위트레흐트 조약에 의해 아시엔토는 영국에 넘어갔다. 1711년 영국은 이미 노예무역 사업을 위해 남해 회사The South Sea Company를 설립했다. 프랑스 기니 회사의 아시엔토가 형식적인 계약이었던 것에 반해 영국 남해 회사의 아시엔토는 영국과 스페인 간의 조약의 일부로서 체결된 것이다.

또 1713~1743년의 30년간이라는 역대 가장 긴 계약 기간이었다. 매년 4,800단위(약 6,400명)의 노예를 스페인령 아메리카에 공급할 수 있고 노예 1단위당 33과 1/3페소를 관세로 납부하는 조항은 앞선 프랑스 기니 회사와 같다. 한편, 매년 스페인령 아메리카 각지에서 열리는 정기 시장에 500톤급 정기선을 파견해 상품을 판매할 수 있는 조항이 새롭게 추가되었다. 그전에도 아시엔토 업자가 스페인령에서 상품을 파는 일이 있었지만 사실상 밀무역이었다.

남해 회사의 실질적인 노예무역은 1715년부터 시작되었으나 연간 6,000명이 넘는 노예를 공급하는 것은 남해 회사의 역량을 넘어선 일이었다. 그리하여 남해 회사는 노예무역의 선배격인 왕립 아프리카 회사Royal African Company 및 17세기 말부터 노예무역으로 실적을 쌓아온 독립 무역 상인들과 하청 계약을 맺고 최대한 많은 노예를 스페인령에 수출했다.

왕립 아프리카 회사는 1672년 노예무역을 위해 런던에 설립한 국책회사이다. 일찍이 서아프리카 황금 해안 등에 거점을 두고 영국령 서인도와 북아메리카 식민지에 노예를 공급한 것이다. 그럼에도 식민지 측의 수요를 감당할 수 없어 참여하게 된 것이 각지의 독립 무역 상인들이다. 그중에서도 브리스틀과 리버풀의 상인들이 중요한 역할을 했다.

남해 회사는 자메이카와 바베이도스에 대리인을 두었으며 스페인령 하바나, 베라크루스, 포르토벨로, 파나마, 카르타헤나, 카라카스, 부에노스아이레스에 상관商館을 설립했다. 기존의 아시엔토 업자보다 노예를 수용하는 항구가 늘어난 것을 알 수 있다. 노예 매매는 각 상관에서 이루어졌으며 현지 상인이 노예를 사들여 식민지 각지로 데려갔다. 포르토벨로와 파나마에서는 육로를 이용해 노예를 태평양 연안까지 데려가 그곳에서 항로를 이용해 주로 페루 부왕령으로 연행했다. 부에노스아이레스에서도 플라나타 강을 이용해 상류 지역까지 노예를 실어 날랐다.

C. 파머Colin A. Palmer는 1714~1738년 남해 회사의 노예선 134척이 아프리카의 어느 지역으로 향했는지에 관해 조사했다. 그의 조사에 따르면, 가장 많은 지역은 앙골라(44척)였으며 다음으로 많은 지역이 황금 연안(31척) 그리고 노예 해안(25척)이 그 뒤를 잇는다. 앙골라로 향한 노예선들은 대부분 노예를 싣고 부에노스아이레스로 갔다. 황금 해안과 노예 해안에서 노예를 실은 배는 카리브 해 제도, 멕시코, 중앙아메리카로 향했다. 단, 1730년 이후 남해 회사 노예선의 행선지는 앙골라뿐이다. 카리브 해 제도, 멕시코, 중앙아메리카로 보낼 노예를 자메이카에서 조달하게 되었기 때문이다.

다음으로 스페인령 아메리카로 향한 노예선의 출항지를 나타낸 표 8을 보면, 앞서 이야기했듯 자메이카가 압도적으로 많은 것을 알 수 있다. 1719~1723년 자메이카의 노예 수입 수는 2만9,192명, 재수출 수는 1만5,523명으로 재수출률은 53%이다. 다른 시기를

표 8 스페인령 아메리카행 노예선 390척의 출항지별 선박 수(1715~1738년)

출항지	선박 수(%)
앙골라	32 (8.2)
황금 해안	9 (2.3)
마다가스카르	6 (1.5)
우이다	6 (1.5)
자메이카	231 (59.2)
바베이도스	33 (8.5)
세인트 크리스토퍼	39 (10.0)
퀴라소	21 (5.4)
신트 외스타티위스	3 (0.8)
아프리카 해안(불특정)	10 (2.6)
합계	390 (100.0)

출전) Palmer, *Human Cargoes*, p. 99.

보아도 재수출률은 30~50%에 이른다. 자메이카는 설탕 플랜테이션에 필요한 노예 수요가 높았을 뿐 아니라 재수출을 위한 수요도 높았다. 재수출 지역은 북아메리카 식민지나 프랑스령 서인도 제도 등도 포함되지만 가장 많은 지역은 스페인령 아메리카였다. 참고로, 네덜란드령 퀴라소 섬과 신트 외스타티위스 섬을 출항한 노예선의 행선지는 카라카스였다.

그렇다면 스페인령 아메리카에 설치된 각 상관을 통해 얼마나 많은 노예가 수출되었을까. 1715~1738년 파나마와 포르토벨로로 수출된 노예는 1만9,662명이었다. 이 노예들은 대부분 페루의 리마와 남아메리카의 태평양 연안 각지로 보내졌다. 같은 시기, 부에노스아이레스로 보내진 노예의 수는 1만6,222명이었다. 그중 절반가량은 현지에서 팔리고 나머지는 아르헨티나 내륙부, 볼리비아, 칠레, 페루 등으로 보내졌다. 1714~1736년 카르타헤나로 보내진 노예의 수는 1만549명이었다. 그리고 이곳에서 누에바 그라나다 부왕령 각지로 보내졌다. 1715~1738년 하바나로 보내진 노예는 6,387명, 1715~1739년 카라카스로 보내진 노예는 5,240명이었다.

과연 남해 회사는 계약된 노예 4,800단위를 수출할 수 있었을까. 노예무역 사업이 궤도에 오르기 전인 1714년과 전쟁 기간을 제외한 추산으로는 1715~1718년에는 연평균 3,200명, 1722~1726년은 4,650명, 1730~1738년은 3,890명이었다. 계약된 수에는 미치지 못하지만, 전체적으로 볼 때 역대 아시엔토 업자에 비해 오랜 기간에 걸쳐 상당한 규모에 달했다고 볼 수 있다.

스페인령 아메리카 각지로 수출된 노예들은 다양한 노동 현장에 동원되었다. 앞서 언급한 금·은 채굴뿐 아니라 각지의 대농장에서 곡물, 식육, 와인 등의 생산에도 동원되었다. 특히 설탕, 카카오, 담배, 면화, 코카 등의 플랜테이션 농장에서 노예는 중요한 노동력이었다. 또 교회, 학교, 수도원 등의 잡역부 혹은 식민지 관료의 하인으로 사역되기도 했다.

유럽 각국의 노예무역 활동

지금까지 스페인의 아시엔토 노예무역에 대해 자세히 살펴보았다. 마지막으로 각국의 동향을 정리해보자(자세한 내용은 『근대 세계와 노예 제도』 제2장을 참조하기 바란다).

포르투갈이 처음 대서양 노예무역에 뛰어들었다는 것은 앞서 이야기했다. 1500년 카브랄Pedro Álvares Cabral의 항해 이후 포르투갈이 브라질을 식민지화하면서 이 지역에 대한 노예무역이 중요한 위치를 차지하게 된다. 16세기 후반부터 크게 발전한 브라질의 설탕 플랜테이션은 처음에는 원주민 노예의 노동력에 의존했지만 주요 노동력이 점차 아프리카에서 유입된 흑인 노예로 바뀌었다. 설탕 생산의 중심지는 북동부의 바이아와 페르남부쿠였다. 18세기에는 남동부 북쪽 미나스제라이스에서 성행한 금광 개발에 수많은 노예가 동원되기도 했다.

19세기가 되면, 남동부의 리우데자네이루나 상파울루에서 커피 재배가 발전하면서 마찬가지로 많은 노예가 수입된다. 앞서 이야기했듯 브라질은 남북 아메리카 최대의 노예 수입 지역·국가였다. 그런 노예무역의 중심에 포르투갈과 브라질의 상인들이 있었다.

포르투갈 상인의 뒤를 이어 등장한 것이 네덜란드였다. 17세기에 주도적인 활동을 펼친 것은 정부로부터 독점권을 부여받은 네덜란드 서인도 회사Dutch West India Company(1621년 설립)였다. 1630년 네덜란드 서인도 회사는 브라질 북동부의 페르남부쿠를 점령해 식민지를 구축했다. 앞서 이야기했듯 이곳은 바이아와 함께 설탕 플랜테이션으로 번성한 지역이다. 처음 포르투갈의 설탕 농장주들은 약탈을 피해 멀리 도망쳤지만 네덜란드 총독의 회유책으로 1630년대 후반에는 다시 돌아와 생산 부흥에 힘썼다. 그들과 함께 네덜란드인들도 설탕 플랜테이션 농업에 뛰어들었다. 자연히 노예 수요는 더 커졌다.

1654년 네덜란드의 세력은 포르투갈에 의해 페르남부쿠에서 물러났지만 17세기 후반 스페인령 아메리카와 기아나에서 노예무역 시장이 나타났다. 아시엔토 노예무역과 관련한 네덜란드의 역할에 대해서는 앞에서 이야기한 바 있다. 또한 서인도 회사도 일정역할을 했다. 그리고 17세기 말 무렵부터 독립 무역 상인들이 대두해 서인도 회사의 독점권에 도전했다. 노예무역의 활동 주체가 독점 회사에서 독립 무역 상인으로 이행하는 현상은 프랑스와 영국에서도 일어났다.

프랑스의 노예무역은 네덜란드보다 조금 늦게 시작되었다. 프랑스 상인이 본격적으로 노예무역에 뛰어든 것은 1664년 독점적 노예무역 회사인 프랑스 서인도 회사French West India Company가 설립된 이후이다. 1673년에는 세네갈 회사, 1685년에는 기니 회사가 설립되었다. 이런 일련의 독점 회사를 설립한 목적은 노예무역에서 네덜란드의 지배력을 타파하는 것이었다. 1677년에는 세네감비아 연안의 고레 섬, 이듬해인 1678년에는 아르갱 섬을 네덜란드로부터 빼앗아 노예 거래를 위한 공고한 거점을 구축했다. 후에 노예 해안의 우이다에도 거점을 건설했다.

　프랑스도 네덜란드와 마찬가지로 17세기 후반부터 독립 무역 상인이 활발히 활동했다. 그들은 서아프리카뿐 아니라 남쪽의 로안고와 앙골라까지 세력을 확대했다. 1711~1777년 프랑스 최대의 노예무역항 낭트에서 출항한 노예선 중 472척의 행선지를 살펴보면, 세네감비아를 포함하는 상上 기니행이 191척(40.5%), 황금 해안과 노예 해안행이 166척(35.2%), 콩고와 앙골라행이 115척(24.4%)이었다. 대부분 독립 무역 상인들이 주도한 항해였다. 낭트 이외의 노예무역항으로 라 로셸, 르아브르, 보르도 등이 있다.

　노예선에 실려 온 노예들의 행선지는 주로 프랑스령 서인도 제도의 과들루프, 마르티니크, 생 도맹그(아이티)였다. 모두 설탕 생산을 주력으로 하는 지역이다. 1788년 프랑스령 서인도 제도 전체의 인구 규모는 백인 5만5,000명, 유색 자유인 3만2,000명에 대해 흑인 노예는 59만4,000명이었다. 이 세 식민지 중에서도 생 도맹그의 노예 인구가 가장 많았다.

　프랑스와 거의 동시기에 노예무역에 본격적으로 뛰어든 영국 최초의 독점 회사는 1660년 설립된 왕립 아프리카 기업가 회사The Royal Adventurers Trading to Africa였다. 하지만 이 회사는 제2차 영국·네덜란드 전쟁의 여파로 10년도 채 못 돼 해산되었다. 그 자산을 계승해 1672년 왕립 아프리카 회사The Royal African Company of England가 세워졌다.

　'왕립'이라고는 해도 요크 공(후에 제임스 2세)을 비롯한 귀족, 지주,

관리, 상인 등이 출자한 주식회사이다. 아프리카 연안에서의 교역 범위는 세네감비아부터 앙골라까지 약 2,000마일에 이르며 교역의 중심은 시에라리온과 풍상 해안, 황금 해안, 노예 해안이었다. 그중에서도 황금 해안에 건설한 케이프 코스트 요새는 서쪽에 있는 네덜란드의 엘미나 요새에 대항해 최강의 요새와 수비대를 자랑했다.

이 회사가 아프리카에서 획득한 노예 대부분은 영국령 서인도 제도로 실려 갔다. 그중에서 가장 일찍 설탕 식민지로 발전한 바베이도스 섬에는 1670년대, 1680년대에 회사의 총 수출 노예 수의 40%가 유입되었다. 바베이도스에 이어 설탕 식민지로 발전한 자메이카도 마찬가지로 1/3가량이 유입되었다. 그 밖에도 리워드 제도의 네비스나 안티구아 등에도 많은 노예가 수출되었다. 18세기가 되면 앞서 이야기했듯 남해 회사와 하청 계약을 통해 스페인령 아메리카로도 노예를 수출했다.

하지만 네덜란드나 프랑스처럼 17세기 말 무렵부터 독립 무역 상인들의 활동이 활발해졌다. 특히, 1730년대 이후는 독립 무역 상인들의 활동이 왕립 아프리카 회사나 남해 회사를 압도했다. 이 두 특허 회사는 런던에 거점을 두고 있었는데 18세기 전반이 되면 브리스틀이 노예무역항으로서 새롭게 떠오르고 후반에는 리버풀이 대두했다. 18세기에 출항한 노예선의 수를 살펴보면, 1700년대에는 런던이 59%를 점했지만 1730년대에는 브리스틀이 45%, 1750년대에는 리버풀이 60%를 점했다.

마지막으로 북아메리카 식민지와 아메리카합중국의 노예무역에 대해 살펴보자. 북아메리카 식민지의 상인이 본격적으로 노예무역에 뛰어든 것은 1730년대부터이다. 그들은 버지니아의 담배 플랜테이션과 캐롤라이나의 쌀·인디고 플랜테이션에 노예를 공급했을 뿐 아니라 영국령 서인도, 프랑스령 서인도, 스페인령 아메리카에도 노예를 수출했다. 다만, 개략적으로 볼 때 북아메리카 남부의 플랜테이션에 노예를 공급한 것은 대부분 영국의 상인으로 식민지의 노예 상인들은 주로 카리브 해 제도에 노예를 공급했다. 또 시기적으로 보면, 아메리카 독립 선언 이후인 18세기의 마지막 4반세기에 아메리카 상인의 노예무역은 절정에 다다랐다.

노예선의 주요 출항지는 매사추세츠의 보스턴, 세일럼, 로드아일랜드의 뉴포트, 프로비던스, 브리스틀이었다. 로드아일랜드의 상인은 1708~1807년 노예선 934척을 아프리카로 보내 10만 명 이상의 노예를 데려왔을 것으로 추정된다. 그들은 서인도에서 수입한 당밀로 만든 럼주를 아프리카로 싣고 가 노예와 교환했다. 아메리카의 노예선이 '럼 선Rum Ships'으로 불린 이유이다.

이렇게 15세기 중반부터 19세기 중반까지 4세기에 걸쳐 대서양 노예무역이 성행했다. 포르투갈, 네덜란드, 프랑스, 영국, 아메리카 등의 노예 상인들이 활발히 무역 활동을 전개했다. 그 밖에 덴마크, 스웨덴, 브란덴부르크에서도 소수이지만 노예선이 활동했다.

앞서 소개했듯이 TSTD 2에는 3만5,000건 이상의 노예선 항해

자료가 망라되어 있다. 모든 노예선에는 그들만의 이야기가 담겨
있다. 제2장에서는 노예선 자체에 초점을 맞추고 노예선을 움직인
사람들에 대해 구체적으로 들여다본다.

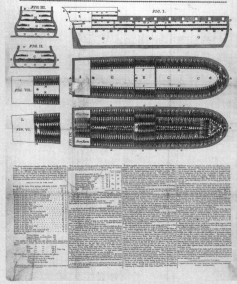

노예선 브룩스(Brooks)호의 구조도(1789년),
런던 노예무역 폐지협회의 개량판(대영도서관)

제2장
노예선을 움직인 사람들

1. '이동 감옥'——노예선의 구조와 실태

노예선 브룩스호

우선 한 장의 그림으로부터 이야기를 시작해보자. 노예선 브룩스Brooks호의 구조도이다. 노예무역·노예제도 폐지 운동에 대해서는 제3장·제4장에서 자세히 검토하겠지만 이런 움직임은 1787년 이후 영국에서 폐지 운동이 대중적으로 고양되는데 매우 중요한 역할을 했다.

폐지 운동을 이끈 지도자 중 한 명인 토머스 클라크슨Thomas Clarkson은 '아프리카인들이 중간 항로에서 겪었을 고통을 세상에 알리고 그들의 비참한 체험을 자신의 일처럼 느끼고 이해할 수 있도록 그려진 그림'이라고 평했다. 시각 이미지가 하나의 강렬한 메시지가 되어 사람들 사이에 퍼져나갔다.

브룩스호는 실재하는 노예선이었다. 1781년 리버풀에서 건조된 브룩스호는 최소 4차례 항해를 감행했다. 배의 크기는 297톤으로 일반적인 노예선보다 컸다. 배의 이름은 소유자 중 한 사람인 조지프 브룩스 주니어Joseph Brooks Jr.의 이름을 땄다. 첫 번째 항해는 1781년 10월 4일 리버풀을 출항해 이듬해인 1782년 1월 15일 황금 해안의 케이프 코스트 요새에 도착했다. 같은 해 7월 14일 노예 650명을 싣고 출항해 9월 12일 자메이카의 킹스턴에 도착했다. 중간 항로에서 사망한 노예는 4명이었다. 같은 해 12월 22일 킹스턴을 출항해 1783년 2월 22일에 귀환했다. 선장의 이름은 클레멘트 노블, 선원은 58명으로 그중 8명이 항해 도중 사망했다.

　두 번째 항해는 1783년 6월 3일 출항해 거의 같은 경로를 항해하고 이듬해인 8월 28일 귀환했다. 배에 실은 노예는 619명으로 그중 33명이 중간 항로에서 목숨을 잃었다. 사망률은 5%였다. 선장은 같고, 선원은 46명으로 그중 3명이 항해 도중 사망했다. 세 번째 항해는 1785년 2월 2일 출항해 같은 경로를 항해하고 이듬해인 4월 10일 귀환했다. 배에 실은 노예는 740명으로, 중간 항로에서 105명에 이르는 노예가 목숨을 잃어 사망률은 14%에 달했다. 선장은 같고, 선원은 47명으로 그중 몇 명이 사망했는지는 기록되어 있지 않다.

　네 번째 항해는 1786년 10월 17일 출항해 같은 경로를 항해하고 1788년 2월 8일 귀환했다. 배에 실은 노예는 609명, 중간 항로에서 사망한 노예는 19명으로 사망률은 3%이다. 이 항해 자료에는 노예의 남녀 비율이 기록되어 있다. 남성 58%, 여성 21%, 소년 15%, 소녀 7%로 전체 남녀 비율은 남성 73%, 여성 27%였다. 선장은 토머스 모리노로 바뀌었으며 선원 45명으로 그중 6명이 항해 도중 사망했다.

　세 번째 항해의 노예 사망률이 높았던 이유는 무엇일까. 당초 황금 해안에서 600명의 노예를 태울 계획이었지만 실제로는 140명이나 더 많은 노예를 태웠다. 사망한 선원 수에 대한 기록은 없지만 이것도 다른 때보다 많았을 것이라 추측된다. 이 항해의 결과로 선장이 교체되었을 가능성이 있다.

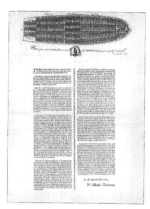

그림 2-1　노예선 브룩스호의 구조도(1788년). 플리머스 지부가 작성한 초판을
브리스틀에서 복제(레디커 『노예선의 역사』 286쪽)

　이 네 번의 항해 이후에도 1791년 7월부터 같은 이름의 배가 6
차례나 노예무역 항해를 했다는 사실이 TSTD 2로 밝혀졌다. 단,
배의 크기는 319톤으로 더 크고 선주도 바뀌었다. 아마 매각된 배
를 새 주인이 수리해 다시 노예선으로 사용했던 것으로 보인다.
1788년 제정된 돌벤 법The Dolben Act에 의해 적재량 200톤 이상의
선박에 대해서는 탑승 인원을 1톤당 1명 이하로 규제했기 때문에
6차례의 항해 모두 수송된 노예 수는 다소 감소했다.
　이 노예선 브룩스호의 구조도를 처음 제작한 것은 1788년 11월
노예무역 폐지협회의 플리머스 지부였다(그림 2-1). 네 번째 항해를
마친 이후의 일이었다. 노예선으로서는 다소 큰 크기로 널리 알려
졌다. 이 구조도는 막 독립한 아메리카합중국의 필라델피아와 뉴

욕에도 알려졌다. 그림은 거의 그대로였지만 설명문이 다소 수정되었다. 노예제 폐지를 촉구하는 문구가 추가된 것이다.

그 후 이 구조도는 노예제 폐지 운동의 중심 조직이었던 런던 노예무역 폐지위원회(London Abolition Committee, 제3장 참조)에 의해 한층 개량되었다(제2장 표제지). 플리머스 지부에서 제작한 구조도에는 하갑판의 평면도 1장뿐이었지만 개량판에는 이 그림에 더해 하갑판의 약 76센티미터 위쪽 평갑판에 가득 실린 노예들이 그려진 평면도, 후미 쪽 반갑판에 가득한 노예들의 그림 2장, 세로 구조를 보여주는 입면도 2장, 배 전체의 단면을 그린 입면도 1장, 총 7장이 포함된다.

이렇게 노예선 안에 물건처럼 빽빽이 실린 노예들의 모습이 생생하게 묘사되었다. 다만, 이 구조도에 그려진 노예 수는 위에서 말한 돌벤 법으로 규정된 인원으로 실제 배에 실린 노예들은 훨씬 많았을 것이다.

노예선의 구조

H. S. 클라인은 자메이카로 향한 영국 노예선들의 평균적인 크기를 계산했다. 그 결과에 따르면, 1680년대 왕립 아프리카 회사의 노예선들은 평균 147톤이었으며 1691~1713년에는 조금 더 커진 186톤이었다. 1782~1787년 독립 무역 상인들의 노예선은 평균 167톤이다. 이 시기가 되면 100톤 이하의 노예선은 8%에 그치는

한편 400톤 이상의 노예선은 없다.

클라인에 따르면, 18세기 중반이 되면서 노예선의 크기는 100~200톤으로 수렴되었다고 한다. 아프리카 연안에서 단기간에 최대한 많은 노예를 획득하고 선상에서의 노예 사망률을 낮추기 위해 중간 항로를 지나는 일수를 줄이고자 한 것이다. 이 정도 규모의 배라면 길이는 24~27미터, 폭은 6~7.5미터가량 된다. 선체의 부식을 막고 목재를 갉아먹는 배좀벌레조개로부터 보호하기 위해 뱃바닥에는 동판銅板을 덧댔다.

선원의 수는 일반적인 무역선보다 2배가량 많았다고 한다. 노예를 감시할 인원은 물론 다른 나라의 노예선이나 해군으로부터 스스로를 지키기 위해 무장할 필요가 있었기 때문이다. 앞서 살펴보았듯이, 중간 항로에서 사망한 선원의 비율이 노예 사망률보다 높았던 경우도 꽤 있었다.

마커스 레디커Marcus Rediker는 이런 노예선을 '이동 감옥mobile prison' 또는 '해상 감옥floating prison'이라고 표현했다. 노예선에 갇힌 흑인들은 매일 16시간 혹은 그 이상을 갑판에 누워 꼼짝도 못하는 상태로 통상 2개월 넘게 대서양을 항해한다. 노예들에게는 하루 2끼의 식사와 마실 물이 제공되고 어떻게든 산 채로 데려가기 위해 하루에 한 번 갑판 위에서 음악에 맞춰 춤을 추게 했다고 한다. 이질이나 천연두 따위의 전염병이 돌지 않도록 항해 중 몇차례 바닷물이나 식초로 몸을 씻거나 담배 연기를 쐬게 했다. '경제 효율' 면에서 '상품'이나 다름없는 노예의 사망을 최대한 줄여야

했기 때문이다.

여기서 일반적인 노예선의 구조를 자세히 살펴보기로 하자. 앞의 그림에서도 알 수 있듯, 남성 노예들은 주갑판 아래에 있는 하갑판에 두 명씩 손목과 발목을 쇠사슬에 묶여 누워 있었다. 주갑판과 하갑판 사이에 있는 평갑판에도 마찬가지로 남성 노예들이 누워 있었다. 평갑판은 선체 벽면에 설치된 폭 180센티미터 정도의 선반이다. 가로대의 높이가 높지 않아 남자들은 똑바로 설 수도 없었다.

주갑판과 하갑판 사이에 설치된 목제 격자를 통해 바깥 공기가 들어오게 되어 있었다. 마찬가지로 선체 측면에도 통기창이 여러 개 뚫려 있었다. 그럼에도 전체적인 환기가 어려웠기 때문에 선내는 늘 불결하고 숨이 막힐 듯한 공기로 뒤덮여 있었다.

하갑판 중앙의 주 마스트 부근부터 뒤쪽 미즌 마스트까지의 공간에 여성 노예들이 수용되었다. 남성 노예와 여성 노예가 수용된 구역 중간에 있는 3~5미터 정도의 공간에 선원들이 선창을 오가는 통로가 있었다. 브룩스호의 경우, 이 공간 뒤쪽에 소년 노예들이 수용되었고 그 뒤로 여성, 소녀들이 수용된 구역(선미)이 있었다. 여성이나 소년·소녀 노예들에게는 쇠사슬을 채우지 않고 신체적 구속도 남성 노예들보다 심하지 않았던 듯하다. 다만, 욕망에 굶주린 선원들의 희생양이 될 위험성이 늘 존재했다. 선창에는 다양한 무역 상품(면직물, 금속 제품, 구슬, 럼주, 총, 화약 등), 항해 비품(목재, 로프, 초 등), 식료품, 물 등이 실려 있었다.

선장은 후갑판에 있는 선실에서 사무를 보거나 지시를 내렸다. 선실 아래에도 노예들의 거주 공간이 있었기 때문에 냄새가 심했다고 한다. 선장실 옆에 있는 또 다른 선실에는 의사와 일등 항해사가 머물렀다. 선원들은 일정한 공간 없이 적당한 장소에 해먹을 매달아 잠을 청했다.

배에는 롱보트와 그보다 조금 작은 욜yawl이라고 부르는 보트가 실려 있었다. 롱보트는 길이 9미터가량의 소형 선박으로 돛을 이용하거나 노를 저어 움직였다. 그보다 작은 욜은 보통 선원 4~6명이 노를 저어 움직였다. 이 두 보트는 아프리카 연안에서의 거래에 중요한 역할을 했다. 노예선은 가까운 바다에 닻을 내린 후 이 보트를 이용해 육지를 오갔다. 갈 때는 상품을 싣고 돌아올 때는 노예를 실어왔다. 현지의 카누를 사용하기도 했다. 이른바 '선상 거래'이다.

노예선의 구조 중 가장 눈에 띄는 특징은 바리케이드barricade이다(그림 2-2). 주갑판 뒤쪽에 설치한 3미터가량의 방어벽을 말한다. 남녀 노예를 격리하는 동시에 노예 반란이 일어났을 때 선원들이 이 방어벽 뒤쪽 즉, 여성 노예들이 수용된 공간으로 몸을 피하거나 방어하는 데 쓰였다. 또 하루에 한 번 주갑판에서 노예들에게 춤을 추게 하는 동안 무장한 보초가 총을 겨누고 감시하는 장소도 바로 이곳이었다.

무기고는 선장실 가까이에 있었으며 경비가 삼엄했다. 커다란 보일러가 설치된 조리실에서는 요리사가 매일 두 번 수백 명의 노

그림 2-2 바리케이드

(상단 좌측) 바리케이드 뒤편에서 반란 노예들을 향해 총을 쏘는 선원들. 스웨덴 출신의 노예제 폐지론자 워드스트롬의 저작(Carl Bernhard Wadström, *An Essay on Colonization, Particularly Applied to the Western Coast of Africa...*,1794) 중.
(상단 오른쪽·아래) 생 도맹그(아이티)의 레 카프에서 노예를 매각한 마리 세라핀호 (1773년. 낭트 역사 박물관)의 바리케이드. 선상에는 노예 구입 희망자로 보이는 다수의 백인이 그려져 있다. 노예들에 대한 묘사와는 대조적인 것을 볼 수 있다.

예와 선원들의 식사를 준비했다. 배 주위에는 밧줄로 엮은 그물을 설치해 노예가 바다로 뛰어드는 것을 방지했다. 노예선 안에는 노예를 구속할 도구도 가득 실려 있었다. 수갑(그림 2-3 위), 족쇄(그림 2-3 아래), 목줄, 쇠사슬, 낙인 혹은 고문용 나사(그림 2-3 왼쪽. 양손 엄

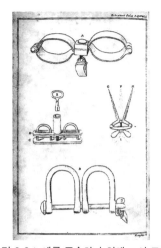

그림 2-3 노예를 구속하기 위해 쓰인 도구
(클라크슨의 저작 『The History of the Rise, Progress, and Accomplishment of the Abolition of the African Slave trade, by the British Parliament』 1808년 중에서)

지손가락을 조인다) 등이다. 채찍은 노예를 위협하거나 벌할 때 상시 이용되는 도구였다. 그중에서도 '아홉 꼬리 고양이Cat O'Nine Tails'라고 불린 끝이 아홉 가닥으로 갈라진 채찍은 노예들에게 가장 큰 고통을 주었다.

노예선은 그야말로 '이동 감옥'이었다. 제3장에서 이야기할 아미스타드호 사건(1839년)을 소재로 한 영화 《아미스타드》(1997, 스티븐 스필버그 감독)에는 글로 다 표현할 수 없는 노예선의 처참한 상황이 생생히 그려져 있다. 그들이 처한 상황 속으로 한 걸음 더 깊이 다가가 보자.

2. 노예가 된 아프리카인——인신매매, 중간 항로, 반란

다호메이 왕국과의 노예 거래

대서양에 면한 아프리카 연안 각지에 노예무역을 위한 거점이 전개되었다. 서아프리카 및 서중앙 아프리카 즉, 세네감비아부터 시에라리온의 풍상 해안, 황금 해안, 노예 해안, 비아프라 만, 콩고, 앙골라의 6,000킬로미터 넘게 이어진 해안선은 물론이고 모잠비크, 마다가스카르와 같은 남동아프리카에도 포르투갈(브라질), 네덜란드, 프랑스, 영국, 스페인, 덴마크 등 각국의 무역 거점이 곳곳에 퍼져 있었다.

당시 아프리카에는 다양한 민족·어족語族에 의해 형성된 크고 작은 사회가 존재했으며 그중에서도 규모가 큰 사회는 왕국으로 발전해 계층 구조를 형성했을 뿐 아니라 광대한 영역을 지배하고 무역을 통해 이익을 얻었으며 강대한 군대 조직도 갖추었다.

노예제는 일찍이 이런 아프리카 사회의 한 구조로서 기능해왔다. 예컨대, 17세기 말 황금 해안에서 유럽 상인을 상대로 노예를 공급하던 아샨티 왕국에는 다음과 같은 노예가 있었다고 한다.

아오와Awowa(아칸어)라고 불린 채무 노예는 글자 그대로 빚을 갚기 위해 자기 자신 혹은 가족을 팔아넘겨 노예가 된 사람들이다. 도품Dommum이라고 불린 노예는 이웃 지역을 침략해 전쟁을 벌이고 그곳에서 사로잡아 데려온 이른바 전쟁 포로이다. 한편, 이웃 지역에서 전쟁을 피하기 위해 미리 일정 수의 노예를 바치는 일종의 공납 노예도 있었다. 그 밖에도 아케레Akyere라고 불린 제물로 바쳐지는 노예, 납치되어 끌려온 노예, 사회적 규범을 어긴 범죄자, 기근 등으로 스스로를 팔아넘긴 자발적 노예 등이 있었다. 이런 노예 중에서도 유럽 상인들에게 팔린 것은 주로 전쟁 포로, 공납 노예, 납치 노예, 중죄인이었을 것으로 보인다.

아샨티 왕국과 마찬가지로 18세기에 노예무역을 자국 내의 사회 기구로 도입한 것이 다호메이 왕국이다. 본래는 베냉 만의 내륙부에 위치한 왕국이었으나 아가자Agaja(1708~1732 재위) 왕 시대에 베냉만 연안의 노예무역 거점 중 한 곳인 우이다를 지배했다. 아가자 왕은 노예무역을 독점해 왕실의 중요한 수입원으로 삼았다. 베냉 만에는 프랑스 최대의 노예무역항 낭트와 북부의 로리앙, 런던 등에서 노예선이 찾아왔다.

다호메이 왕국에서는 매년 수수나 쌀 등의 수확이 끝나면 왕이 직접 수만 명의 군대를 이끌고 이웃 지역과의 전투에 나섰다고 한다. 사로잡은 전쟁 포로 중 일부는 왕실이 소유하고 일부는 무용을 떨친 대장과 병사들에게 포상한 후 나머지는 유럽 상인들에게 팔았다.

유럽의 상인이라고는 해도 실제 아프리카 연안에서 거래에 나서는 것은 노예선의 선장이었다. 왕의 대리인과 노예선 선장의 교섭 과정은 다음과 같이 이루어졌다.

선장은 먼저, 구입하려는 노예 수와 노예 1명당 교환할 상품군의 품목을 대리인에게 전달하고 실제 상품의 견본을 보여준다. 여기서 말하는 상품군이란, 노예 1명과 교환하기 위해 모은 복수의 상품을 말한다. 예를 들어, 여성 노예 1명과 교환하기 위해 준비한 상품은 브랜디 3통, 자패紫貝 123파운드, 손수건 2장, 플래틸platilles(면직물) 8장이었다. 참고로, 자패는 다호메이에서 장식품이자 화폐로 쓰였다(고대 중국 등 세계 각지에서도 화폐로 이용된 예가 있다). 교섭이 성립하면 유럽 측은 왕에게 관세(공물)를 납부하고 다호메이 측에서는 계약한 노예 수가 채워질 때까지 수개월간 상인들이 머물 주거와 함께 주방, 창고 등을 제공했다.

언뜻 보기엔 평화로운 교섭처럼 보이지만 리버풀의 노예선 선장 존 뉴턴John Newton은 항해 일지에 다음과 같은 기록을 남겼다.

'솔직히 유럽인들이 노예와 교환하기 위해 제공하는 온갖 상품들로 그들을 현혹하지 않는다면 아프리카에서 일어나고 있는 대부분의 전쟁은 멎을 것이다. 유럽인들이 직접 군대를 보내는 것은 아니지만 그들의 길은 이미 피로 얼룩져 있다. 노예로 팔려갈 포로들보다 전쟁으로 목숨을 잃은 사람들이 훨씬 많을 것이다.'

이 말이 맞는다면 제1장에서 소개한 엘티스와 리처드슨의 추산치 즉, 살아서 신대륙에 도착한 노예 1,070만 명보다 훨씬 많은 사람들이 아프리카 내에서 벌어진 전쟁으로 목숨을 잃었을 것이다.

에퀴아노의 생애와 노예선 체험

브룩스호의 구조도와 함께 노예선의 실태를 파악하는 데 놓쳐

그림 2-4 올라우다 에퀴아노(『아프리카인 올라우다 에퀴아노의 흥미로운 인생 이야기』1789년)

서는 안 될 존재가 흑인 노예 출신 올라우다 에퀴아노Olaudah Equi-ano(그림 2-4)이다.

그의 자서전『아프리카인 올라우다 에퀴아노의 흥미로운 인생 이야기』에 따르면, 1745년 지금의 나이지리아 에사카라는 이보족 마을에서 태어난 에퀴아노는 11세 무렵 주민들이 마을을 비운 사이 여동생과 함께 납치당해 노예로 팔렸다고 한다. 한편으로는 그가 사우스캐롤라이나 출신이라는 이견도 제기되었다. 만약 그가 북아메리카 출신이었다면 다른 아프리카인들이 노예선에서 겪은 무서운 경험을 듣고 자신의 이야기처럼 생생하게 그려냈다는 말이 된다. 그런 이유로 이야기의 가치가 낮아질 일은 없을 것이다. 어쨌든 나이지리아 출신이라는 전제로 이야기를 진행해보자.

처음 에퀴아노는 여동생과 함께 아프리카에서 아프리카인의 노예로 일하다 여동생과 헤어져 연안으로 끌려와 노예선에 태워진다. 중간 항로에서의 체험은 나중에 자세히 설명하기로 하고, 그를 태운 노예선은 일단 대서양을 건너 바베이도스에 도착한다. 그는 이곳의 농장주가 아닌 북아메리카 버지니아의 농장주에게 팔렸다. 그는 다시 영국의 해군 대위 M. H. 파스칼Michael Henry Pascal에게 팔려 구스타부스 바사Gustavus Vassa라는 이름으로 불리게 되었다. 1757년 영국으로 건너간 그는 파스칼의 명령으로 7년 전쟁(1756~1763)에 참전한다.

그 후 런던에서 세례를 받고 1763년 퀘이커교도인 상인 R. 킹Robert King에게 팔렸다. 영국령 서인도 제도 및 북아메리카 식민지에서 무역활동을 하던 킹 밑에서 일하며 재산을 모았다. 그는 이 돈으로 1766년 킹에게 자신의 몸값을 치르고 자유인이 되었다.

그 후로도 각지에서 무역활동을 계속하다 1780년대부터 노예해방 운동에 관심을 갖게 된다. 1789년 출간된 이 책은 그가 세상을 떠나기까지 9차례나 쇄를 거듭해 발행되었다. 1792년 영국 출신의 백인 여성 S. 컬렌Susannah Cullen과 결혼해 두 딸을 낳고 1797년 런던에서 생을 마쳤다.

이제 그의 노예선 체험에 대해 살펴보기로 하자. 납치당한 지 6, 7개월 후 해안가로 끌려온 내륙 출신의 에퀴아노는 난생 처음 바다를 보았다. 노예선은 가까운 바다에 닻을 내리고 '배에 실을 상품'을 기다리고 있었다. 선원들은 그를 배에 태우고 건강 상태를 확인했다. 주위를 둘러보자 '거대한 아궁이에서는 시뻘건 불길이

널름거리고 쇠사슬에 묶인 수많은 흑인들의 얼굴에는 실의와 비탄에 뒤엉킨 표정'이 눈에 들어왔다. 그는 그대로 갑판 위에서 정신을 잃었다.

잠시 후 정신을 차리자 몇 명의 흑인이 보였다. 에퀴아노가 '백인 남자들'이 자신을 잡아먹는 것이냐고 묻자 그들은 아니라고 대답했다. 이 흑인들은 노예를 배까지 데려오는 일을 맡고 있었다.

하갑판에 갇힌 에퀴아노는 참을 수 없는 악취와 노예들의 울부짖는 소리에 아무것도 입에 넣을 수 없었다. '백인 남자들'이 내민 음식도 거부했다. 그러자 그들은 에퀴아노를 묶어놓고 채찍으로 심하게 때렸다. 그는 차라리 죽고 싶었지만 배 주위에는 노예들이 도망치지 못하게 그물을 쳐놓았기 때문에 그마저도 여의치 않았다. 얼마 후 같은 고향 사람이 몇 명 있다는 사실을 알게 된 그는 조금이나마 위안을 느꼈다. 그들에게 앞으로의 일을 묻자 '백인 남자들'의 나라로 끌려가 일하게 될 것이라고 알려주었다. 그는 일만 하는 것이라면 그렇게 절망적인 상황은 아니라고 생각했다.

에퀴아노는 어렸기 때문에 족쇄를 채우지 않았지만 하갑판의 수많은 남성 노예들은 쇠사슬에 묶인 채 견디기 힘든 악취에 시달리며 옴짝달싹도 못하고 꼼짝없이 갇혀 있었다. 더위 때문에 엄청난 땀을 흘리다 보니 악취가 발생하고 공기는 이내 '숨조차 쉬지 못할 정도'로 혼탁해졌다. 노예들은 하나 둘 병에 걸려 사경을 헤맸다. 때때로 아이가 변기통에 빠져 여성 노예들이 비명을 지르는 소리가 들려왔다. 노예선에서의 시간은 그야말로 공포의 연속이었다고 한다.

하루는 함께 쇠사슬에 묶여 있던 같은 고향 출신의 두 흑인이 목숨을 끊을 작정으로 그물을 피해 바다로 뛰어드는 사건이 일어났다. 그 직후 병에 걸려 족쇄를 풀어놓았던 한 남자가 똑같이 바다로 뛰어들었다. 선원들은 배를 세우고 보트를 내려 도망간 노예들을 쫓았다. 처음 몸을 던진 두 명은 물에 빠졌지만 뒤따라 뛰어내린 한 명은 붙잡혀 다른 노예들이 보는 앞에서 가혹한 채찍질을 당했다. 거의 매일같이 빈사 상태의 노예들이 갑판으로 옮겨지는 것을 본 에퀴아노는 그들이 죽음이라는 자유를 누릴 수 있음을 부러워했다.

긴 항해 끝에 노예선은 바베이도스 섬의 브리지타운 앞바다에 닻을 내렸다. 밤이었지만 많은 상인과 농장주들이 배에 올랐다. 에퀴아노와 노예들은 몇 개의 그룹으로 나뉘어 건강 상태 등을 확인하는 검사를 받았다. 그들은 육지를 가리키며 저 곳으로 갈 것이라고 말하려고 했다.

노예들은 배에서 내리자마자 상인의 집 앞 광장으로 끌려가 우리에 갇혔다. 에퀴아노는 벽돌로 지은 높은 건물과 말을 탄 사람들을 보고 크게 놀랐다. 갑자기 북소리가 나더니 구매자들이 광장으로 몰려들었다. 그들은 가장 마음에 드는 그룹을 선택했다.

그들은 노예의 운명을 결정하는 '파멸의 대리인'이나 다름없었다. 친족이나 친구라 해도 매각 과정에서 뿔뿔이 헤어져 대개 두 번 다시 만나지 못한다. 에퀴아노가 알았던 한 형제는 각기 다른 그룹으로 나뉘어 팔렸다. 그들이 헤어지면서 울부짖던 모습을 가까이에서 본 에퀴아노는 '잔혹의 극치'라고 표현했다.

빈번한 노예 반란

에퀴아노는 노예선 안에서 수도 없이 죽기를 바랐다고 말했다. 비단 에퀴아노뿐 아니라 노예선에 탄 흑인들 대부분이 느꼈을 감정일 것이다. 죽기를 바라는 마음과 죽기를 각오하고 반란을 일으키는 것은 종이 한 장 차이였다.

D. 리처드슨에 따르면, 노예선 10척에 1척꼴로 봉기가 일어났으며 한 번 봉기가 일어나면 평균 25명가량이 목숨을 잃었다고 한다. TSTD 2의 각 항해 항목 중에도 '아프리카인들의 저항African re-sistance'이 있고 노예 반란이 일어난 증거가 발견되면 노예 반란 Slave insurrection이라고 기록했다. 이런 사례를 몇 가지 소개하기로 한다.

1753년 8월 14일 리버풀을 출항한 소형 슬루프선 토머스Thom-as(30톤)호는 감비아로 가 노예 88명을 획득했다. 이 노예들은 유럽에서 만든 무기에 대한 지식을 가지고 있었다. 모든 노예들이 스스로 족쇄를 풀고 주갑판으로 나와 일등 항해사를 바다로 던졌다. 선원들이 소총을 발포하자 노예들은 하갑판으로 돌아갔다. 노예들은 나무판자 등을 이용해 무장하고 다시 주갑판으로 나와 선원 7명과 싸웠다. 궁지에 몰린 선원들은 배에 딸린 롱보트를 타고 도망가고 노예들은 자유롭게 풀려났다.

하지만 다른 노예선이 이 배를 되찾으러 왔다. 노예들은 총으로 응전했지만 결국 진압되고 말았다. 엄중한 감시 속에 카리브 해 제도의 몬트세레 섬으로 연행되었다. 배에서 내린 노예는 69명이었다. 토머스호가 리버풀로 돌아온 것은 1754년 7월 16일이었다.

사실 이 배는 7월 20일 마찬가지 토머스 와이트사이드Thomas Whiteside 선장의 지휘 아래 리버풀을 출항해 감비아로 가 83명의 노예를 획득했다. 선원을 10명으로 늘렸지만 또 다시 노예 반란이 일어난다. 자세한 경위는 알 수 없지만 반란은 진압되고 노예들은 마찬가지로 몬트세레 섬으로 연행되었다. 배에서 내린 노예는 65명이었다.

『노예선의 역사』(2007년)를 쓴 대서양사 연구가 M. 레디커에 따르면, 세네감비아 출신의 흑인들은 노예가 되는 것을 극도로 거부했기 때문에 노예선상에서도 위험한 존재로 여겨졌다고 한다. 왕립 아프리카 회사의 한 사원은 '감비아인은 본성이 게으르고 일하는 것을 싫어해 노예 생활을 견디지 못한다. 그들은 자유를 얻기 위해서라면 무슨 짓이든 할 것'이라고 말했다.

노예선상에서의 반란이 생각보다 자주 일어났다는 것을 알 수 있지만 사실, 반란이 성공한 경우는 드물다. 레디커는 반란에는 세 가지 단계가 있다고 말했다. 먼저, 반란이 일어나려면 노예들 간의 의사소통이 전제가 되어야 한다. 출신이 다양한 노예들 사이에서 에퀴아노의 경우처럼 고향이 같은 사람들끼리 이야기를 나누다 반란을 계획하기에 이른다. 반란에 가담하는 사람이 많을수록 성공 확률은 높아지지만 반대로 누군가 밀고할 위험성도 높아지기 때문에 보통은 믿을 수 있는 소수의 노예들을 중심으로 계획을 세우고 실행에 옮겼다. 주모자들은 선창, 하갑판, 주갑판, 선장실, 무기고 등의 구조와 위치를 상세히 확인했다.

반란의 첫 번째 단계는 얼마나 자유롭게 움직일 수 있는지에 달려 있다. 수갑, 족쇄, 쇠사슬을 어떻게 풀 것인가. 족쇄가 느슨한 경우에는 무언가 미끄러운 것을 발라 발을 빼낼 수 있었다. 못이나 나뭇조각 등을 이용하거나 칼, 톱, 도끼 등의 예리한 도구를 사용해 쇠사슬을 망가뜨리기도 했다. 이런 도구는 비교적 자유롭게 움직일 수 있었던 여성 노예들이 훔쳐왔다.

두 번째 단계에서 노예들은 그들이 머무는 하갑판과 주갑판을 가로막고 있는 격자를 돌파해 전투를 개시한다. 함성을 질러 주모자뿐 아니라 최대한 많은 노예들이 호응하도록 만드는 것이 중요하다. 무기는 기껏해야 나뭇조각이나 노 따위였다. 여성 노예들이 가담하면 바리케이드 뒤편 즉, 선미에서도 싸움이 시작된다. 요리사가 사용하는 칼이나 도끼 등을 손에 넣는 경우도 있었다.

선원들은 모두 갑판으로 달려 나와 권총이나 소총을 쏘며 반란을 진압한다. 바리케이드 위에 설치한 선회포까지 사용해 노예들을 소탕한다. 반란이 성공하려면 바리케이드를 돌파해 배를 점거하고 총기를 빼앗아야 한다. 선원들을 죽이거나 스스로 배를 버리고 도망치게 만들면 이 단계는 마무리된다.

마지막 세 번째 단계는 탈취한 노예선을 몰아 아프리카로 돌아가는 것이다. 노예들 중에는 배를 몰 줄 아는 사람이 거의 없었기 때문에 배를 조종할 선원을 살려 두고 그에게 배를 몰게 했다.

이런 세 단계를 거쳐 반란을 성공시킨 예는 극히 드물다. 하지만 1728년 10월 1일 런던을 출항한 클레어Clare호의 경우는 매우 드문 성공 사례 중 하나이다. TSTD 2의 항해 번호 77058에 해당한다. 이 배는 황금 해안의 케이프 코스트 요새에서 노예 273명을 획득한 후 얼마 지나지 않아 반란이 일어났다. 노예들은 총기를 능숙히 사용해 선장과 선원들을 내몰았다. 그들은 롱보트를 타고 간신히 탈출했다. 노예선을 차지한 흑인들은 케이프 코스트 요새에서 멀지 않은 해안에 도착해 자유를 되찾았다.

노예 반란의 가장 흔한 귀결은 반란이 진압되고 주모자들은 온갖 끔찍한 고문을 당하는 것이었다. 채찍질은 물론이고 칼이나 면도칼로 귀를 자르거나 뼈를 부러뜨리고 손발을 절단하기도 했다. 급기야 목을 매달아 죽이기도 했다. 본보기를 보인다며 절단한 신체 일부를 나머지 사람들에게 나눠주기도 했다. 레디커는 '노예선은 인간을 지배하기 위해 치밀하게 조직된 요새였다'고 말했다.

3. 선장과 선원

'어메이징 그레이스'와 존 뉴턴

여기서부터는 노예들을 연행하고 노예선을 움직인 사람들에 대해 살펴보자.

먼저, 노예선의 선장이 있다. 선장은 뒤에서 이야기할 노예 상인의 뜻에 따라 실제 노예무역과 노예선의 활동을 총괄하는 역할을 맡는다. 또 영국 내에서는 노예무역에 쓰일 상품군을 선택·조달하고 노예선의 선원 이를테면 의사, 일등 항해사, 요리사, 선원 등을 선발한다. 아프리카의 어느 지역에서 노예 거래를 할 것인가에 따라 상품의 종류도 달라진다.

선상에서 선장은 전제 군주나 다름없었다. 선내의 질서를 유지하기 위해 선원을 고를 때는 신중을 기해야만 했다. 반항하는 선원은 쇠사슬을 채우고 채찍질했다. 아프리카 연안에서는 수개월에 걸친 거래를 지휘하고 중간 항로에서는 언제 일어날지 모를 노예 반란에 대처해야 했다. 또 '상품'으로서 노예가 목숨을 잃거나 스스로 죽음을 선택하는 일을 방지하기 위한 노력도 필요했다. 매각지에 도착하면, 노예는 최대한 빠른 시일 내에 비싼 값에 팔아넘겼다. 이런 일련의 구체적인 활동이 모두 선장의 지휘 하에 이루어졌다.

18세기 중반, 리버풀을 출항한 노예선의 선장 존 뉴턴(1725~1807, 그림 2-5)은 오늘날 세계적으로 사랑받는 '어메이징 그레이스

그림 2-5 존 뉴턴(레디커『노예선의 역사』중)

'Amazing Grace'의 작사가로도 널리 알려져 있다. 이 곡을 쓴 1772년
당시 그는 이미 노예무역을 그만두고 목사로 활동하고 있었다. 제
3장에서도 다루겠지만, 뉴턴은 1780년대 후반 노예무역 폐지운동
에도 중요한 역할을 한다. 노예선의 선장으로 노예무역 활동에 관
여한 과거를 깊이 뉘우치며 사람들에게 노예무역의 죄악을 알리
기 위한 활동에 힘썼다.

　존 뉴턴은 1725년 런던 템스 강변의 와핑에서 태어났다. 그의
아버지 역시 선장이었다. 그를 목사로 키우고 싶어 했던 어머니는
그가 어릴 때 폐결핵으로 세상을 떠났다. 아버지가 재혼하면서 그
는 에식스 주의 기숙학교로 보내졌다. 10대가 되면서 아버지 밑에
서 뱃일을 돕기 시작했다. 얼마 후 은퇴한 그의 아버지는 옛 친구
조셉 마네스티Joseph Manesty에게 아들의 장래를 부탁했다. 마네스
티는 대서양 무역으로 성공한 리버풀의 상인이었다. 17세 때 리버

풀로 이주한 뉴턴은 지중해 무역선과 영국 군함의 승조원으로 경험을 쌓았다.

사관후보생으로 오른 군함 하리치호에서는 함장과의 불화로 일반 수병으로 강등되어 결국 마데이라 제도의 한 항구에서 다른 상선으로 옮겨 타게 되었다. 그 상선은 노예선이었다. 그 후로도 여러 직업을 전전하다 브리스틀 선적의 노예선 레반트Levant호의 선원으로 배에 오른다. 시에라리온의 바나나 섬에서 노예를 싣고 자메이카로 가는 배였다.

노예선에 타고 싶지 않았던 뉴턴은 현지에 머물며 한 영국 상인의 사업을 돕게 되었다. 시에라리온의 플랜틴 섬을 거점으로 한 노예무역 사업이었다. 머지않아 그는 자신이 잘못된 선택을 했음을 깨닫는다. 그는 당시를 '먹을 음식도, 입을 옷도 없는 비참하고 궁핍한 생활이었다'고 썼다. 게다가 그는 이곳에서 중병에 걸렸다. 회복하기까지 2년이 걸렸다. 그동안 현지 주민들과 관계를 맺으며 그대로 아프리카에 머물 생각도 있었던 것 같다.

1748년 5월 말, 뉴턴은 그의 아버지의 부탁을 받은 마네스티의 도움으로 간신히 리버풀로 돌아올 수 있었다.

노예선 선장으로

1748년 여름, 존 뉴턴은 노예선 브라운로Brownlow호에 올라 처음 대서양 노예무역 항해에 나선다. 다만, 그는 선장이 아닌 일등 항해사로 승선했다. 그동안 다양한 무역 항해와 아프리카에서의 거래 경험을 쌓았지만 아직 그는 23세의 젊은이였다. 아프리카 연안에서의 구체적인 거래 경험은 있지만 노예선 전체를 지휘하기에는 너무 어리고 선원들을 통솔해본 경험도 없었다. 노예선의 선장이 해야 할 가장 어려운 일은 선상에서의 질서 유지이다. 그는 이번 항해를 앞으로 자신의 노예선을 지휘하기 위한 준비 단계로 여겼을 것이다.

하지만 항해는 순조롭지 못했다. 약 8개월간 시에라리온과 황금 해안을 오가며 노예 218명을 획득했지만 노예 반란으로 선원 1명과 노예 4명이 사망했다. 중간 항로에서는 배에 전염병이 돌아 노예 62명이 목숨을 잃었다. 사망률은 28%로 당시로서는 꽤 높은 수치였다. 배설물이나 음식 혹은 물 등을 통해 이질에 감염되었을 것으로 여겨진다.

브라운로호는 안티구아를 경유해 북아메리카 식민지 사우스캐롤라이나의 찰스턴으로 향했다. 1749년 8월 14일 현지 신문인『사우스캐롤라이나 가제트』가 브라운로호의 도착 소식을 전했다. 6주에 걸쳐 노예를 매각하고, 12월 1일 리버풀로 돌아왔다. 참고로, 항해를 마치고 잠시 육지에 머무는 동안 그는 오랫동안 연모해온 메리 캐틀렛Mary Catlett에게 구혼하고 이듬해인 1750년 2월 채텀에서 결혼식을 올렸다.

결혼한 지 3개월 만에 그는 리버풀로 돌아왔다. 마네스티가 그에게 노예선의 선장직을 제안한 것이다. 1750년 8월 11일 뉴턴은 듀크 오브 아가일Duke of Argyle호의 선장으로 리버풀을 출항해 풍상 해안으로 향했다. 하지만 이 배는 1729년 건조된 노후선이었다. 뉴턴 스스로도 '너무 낡아 제대로 된 항해가 가능할지조차 의심스럽다'고 말했다.

선장으로서 그가 직면한 첫 번째 문제는 선원들과의 관계였다. 선원은 총 30명이었다. 그중에는 술주정을 부리거나 툭하면 말썽을 일으키며 신참 선장에게 사사건건 반항하는 자들이 있었다. 뉴턴은 그들의 도전을 미리 대비하고 위반 행위에 대해서는 엄중히 대처했다. 통제가 불가능한 선원은 일찍이 자신도 경험했듯 영국 해군에게 넘길 생각이었다. 뉴턴은 선상의 질서를 어지럽힌 갑판장을 3일간 쇠사슬에 묶어 놓고 '복종' 서약을 받았다. 문제를 일으킨 선원은 채찍으로 다스렸다.

한편, 항해 도중 전염병이 퍼지면서 중간 항로까지 포함해 선원 7명이 목숨을 잃었다. 사망률은 23%였다. 노예와 비슷하거나 그 이상으로 선원의 사망률도 높았던 것이다.

노예는 집단으로 모으기보다 한두 명씩 거래했다. 뉴턴은 노예의 나이나 혈색 또는 가격 등을 신중히 판단해 조건에 맞지 않을 경우에는 타협하지 않고 거래를 중단했다. 하갑판에 노예들이 점점 늘어갔다. 노예들에게 번호를 붙이고 항해 일지에 그 특징을 기록했다. 노예가 늘어날수록 선원들이 할 일도 늘어났다. 식사를 제공하고 청소도 했으며 병에 걸린 노예는 격리했다. 또 노예들의 태도를 주의 깊게 관찰해 반란 시도를 미연에 방지하는 일도 중요했다. 이런 노예선 안에서의 다양한 활동을 전체적으로 감시하고 통제하여 적절한 지시를 내리는 것이 뉴턴의 역할이었다.

1751년 5월 22일 그는 노예 156명을 태우고 목적지인 안티구아로 출항했다. 안티구아에 도착한 것은 7월 3일이었다. 중간 항로에서 노예 10명이 목숨을 잃었다. 선원들은 죽은 노예를 곧장 바다로 던졌다. 사망한 노예의 번호도 항해 일지에 기록되어 있다. 안티구아에 도착했을 때 뉴턴이 배 안에서 가장 신뢰했던 로버트 아서라는 의사가 열병으로 세상을 떠나고 말았다. 실의에 빠진 뉴턴은 아내 메리에게 편지로 그 사실을 알렸다.

8월 13일 안티구아를 떠나 리버풀로 향했다. 역시나 위험천만한 항해였다. 대서양에서 여러 번 풍랑을 만난 것이다. 워낙 낡은 배였던 터라 간신히 대파大破를 피한 정도였다. 배는 아일랜드 남단을 통과해 10월 8일 리버풀에 도착했다. 출발부터 귀환까지 약 14개월이 걸렸다. 이 항해로 뉴턴이 받은 보수는 257파운드였다. 선원들이 받는 보수의 10배가 넘는 금액이었다. 노예무역은 선장에게도 큰돈을 벌 수 있는 사업이었다.

이 성공에 만족한 선주 마네스티는 뉴턴에게 다음 항해를 맡겼다. 이번에는 노후선이 아니라 새로 건조한 아프리칸African호였다. 1752년 6월 30일 리버풀을 출항한 아프리칸호는 8월 중반까지 시에라리온 해안을 항해하며 노예를 획득했다. 이번에도 뉴턴은 노예의 '품질'과 가격을 미리 상정하고 적합하지 않은 노예는 구입하지 않았다.

이번 항해에서도 선원들이 문제를 일으켰다. 선원 2명이 보트를 훔쳐 달아난 데다 지난 항해와 마찬가지로 병에 걸린 선원들이 속출했다. 하지만 아프리카 연안에서 사망한 것은 1명에 그쳤다. 그 사이 마네스티의 편지가 도착해 처음 예정했던 안티구아가 아닌 세인트키츠 섬으로 가라는 지시를 받았다. 당시에는 아프리카를 오가는 배가 많았기 때문에 이런 식의 편지 왕래가 빈번히 이루어졌다. 뉴턴이 아내 메리에게 쓴 편지도 이런 식으로 아프리카나 그 밖의 지점에서 영국으로 전달되었다.

노예가 늘어날수록 감시 체제를 강화할 필요가 있었다. 선원들이 해안에서 거래를 하는 동안 배에는 일손이 부족해질 수밖에 없었다. 도망칠 기회를 엿보던 노예들은 감시 체제가 느슨한 틈을 노렸다. 1752년 12월 초, 뉴턴은 노예들의 반란 계획을 사전에 알아챘다. 노예들이 숨기고 있던 칼, 돌, 정, 포환 등이 발각되었다. 반란 계획의 전모를 밝히기 위해 소년 노예들을 고문했다. 한편, 선원들 중에도 반항적인 이들이 있었다. 이들은 바로 배에서 쫓아내거나 영국 군함에 넘겨 버렸다.

앞서 이야기했듯 18세기는 대서양 노예무역의 전성기였다. 당시에는 유럽 제국의 수많은 노예선들이 아프리카의 무역 거점으로 모여들면서 경쟁이 치열했다. 1753년 3월이 되도록 예정했던 노예 수를 채우지 못한 뉴턴의 불안한 심정은 아내 메리에게 쓴 편지에서도 나타났다. '벌써 7개월째 연안에 머물고 있지만 언제 이곳을 떠날 수 있을지, 어쩌면 항해가 실패로 끝날 가능성도 있소.'

그는 매일 신과 정신적으로 교류하고 사랑하는 아내에게 자주 편지를 쓰면서 마음의 안정을 찾았다.

한 달 후인 4월 26일 아프리칸호는 세인트키츠 섬으로 출항했다. 중간 항로는 순조롭게 통과했지만 그럼에도 처음 배에 실은 노예 207명 중 배에서 내린 것은 167명이었다. 사망률은 당시로서는 다소 높은 19%였다. 선원은 처음 26명이 출항해 아프리카 연안을 떠날 때는 22명으로 줄고 중간 항로에서 또 다시 1명이 사망했다. 세인트키츠 섬에서의 노예 거래는 비교적 순조롭게 진행되어 6월 20일에는 모든 노예를 매각했다. 이런 내용도 아내에게 보낸 편지에 자세히 쓰여 있다. 결과적으로는 이익을 남긴 이번 항해로 뉴턴은 247파운드의 보수를 받았다.

선원 조달

실제 노예선을 움직인 사람들의 정점이 선장이라면 그 아래에는 선의先醫, 일등 항해사, 이등 항해사, 갑판장, 요리장이 있었다. 그리고 그 아래에 그들의 지시에 따라 일하는 선원들이 있었다. 선원의 약 2/3가량이 하급 선원이었던 것으로 보인다.

노예선은 노동 강도가 매우 높은 데 비해 임금이 많지 않고 위험성도 크기 때문에 선원을 모집하는 일이 쉽지 않았을 것이다. 참고로, 18세기 초반 선원의 임금은 평시에는 월 40실링, 전시에는 60~70실링이었다. 연 수입으로 따지면, 평시에 24파운드 정도가 된다. 노예 상인과 선장은 어떻게 선원을 모았을까. 노예선이 일종의 '감옥선'이라면, 선원들은 진짜 감옥행을 면할 수 없는 상황이 닥쳐서야 비로소 노예선에 오를 각오를 하거나 그 전에 강제적으로 배에 태워진다.

간혹 정말 선원이 되고 싶어 노예선에 오르는 사람도 있었다. 하지만 그런 경우도 대개는 노예선에서 하는 일에 대해 알지 못한 채 계약서에 서명한 무지한 젊은이들이었다. 술집에서 난동을 일삼고 감옥을 들락거리다 결국 노예선에 오르는 이들도 있었다. 가장 일반적인 경우는 여관이나 술집 등에 진 빚을 갚기 위해 노예선에 오르는 것이었다. 선원 본인이 소위 채무 노예였던 것이다. 노예 상인이나 선장의 계략으로 노예선을 타게 되는 이들도 있었다. 그들은 대부분 가난한 노동자나 부랑자들이었다.

선원들의 출신은 무척 다양했다. 같은 영국인이라고 해도 웨일스인, 스코틀랜드인, 아일랜드인이 포함되어 있었다. 유럽 대륙 출신으로는 포르투갈인, 스웨덴인, 덴마크인, 이탈리아인 또는 아시아에서 온 뱅골인 등도 포함되어 있었다. 북아메리카 식민지 출신 선원들도 다수였다.

아프리카 출신의 선원도 많았다. 예를 들어, 1780년 10월 리버풀을 출항한 노예선 호크Hawke호는 리버풀에서 하급 선원을 포함한 선원을 고용해 황금 해안과 카메룬 강을 항해하며 노예 412명을 획득했다. 중간 항로에서 노예 35명이 사망하면서 세인트루시아에 내린 노예는 377명이었다. 출항 당시 42명이던 선원 중 10

명이 사망하고 황금 해안에서 판티족Fanti 출신의 선원 6명을 새로 고용했다. 이 호크호에 대해서는 뒤에서 다시 한 번 살펴보기로 하자.

역사학자 E. 크리스토퍼Emma Christopher는 1785년 8월 버지니아 주 노퍽을 출항해 아프리카로 향한 노예선 아미티Amity호에서 일어난 선상 반란에 관련한 문서를 확인했다. 이 반란에는 딕과 윌이라는 노예도 관여했다. 선장 제임스 던컨슨James Duncanson의 노예였던 그들은 이 배에서 선원으로 일했다. 반란을 주도한 것은 리처드 스콰이어라는 영국인 선원이었다. 그 밖에도 스튜어트라는 보스턴 출신의 물라토mulato(백인과 흑인의 혼혈 인종)와 아일랜드인 2명 외에 아메리카 원주민(인디안)과 아시아 출신 선원도 반란에 가담했다.

여기서도 선원들의 다양한 출신을 확인할 수 있다. 다만, 반란은 진압되고 배는 예정대로 아프리카에 도착해 노예 107명을 싣고(중간 항로에서 8명 사망) 세인트키츠 섬으로 갔다.

선원의 일

그렇다면 선원들은 노예선에서 어떤 일을 했을까.

유럽의 항구에서 아프리카로 향하는 노예무역의 제1변에서 선원들이 하는 일은 다른 종류의 항해에서 하는 일과 크게 다르지 않다. 오전 8시부터 저녁 6시까지 갑판 위에서 선장이나 일등 항해

사의 지시에 따라 일하고 밤이면 교대로 보초를 섰다. 돛을 펴거나 내리며 항행을 제어하는 것도 선원들의 일이다. 노예선에서만 하는 일이라면, 무장한 보초를 세워 타국의 노예선이나 해군의 동향을 경계하는 것이었다. 소화기小火器며 선회포를 손질하고 노예의 탈주와 자살을 방지하는 그물을 엮는 일도 있었다. 또 아프리카에 가까워지면 선창이나 하갑판으로 내려가 거래에 쓰일 상품을 날랐다.

아프리카 해안에서 노예 거래가 시작되면 선원들이 해야 할 일은 더 크게 늘고 일의 내용도 달라졌다. 노예무역의 거점을 정해 닻을 내리고 욜이나 롱보트를 이용해 배와 해안 사이를 오가며 노예를 모았는데 거래가 순조롭지 않을 때에는 다른 거점으로 이동하기도 했다. 앞선 뉴턴의 경우처럼 노예를 모으기 위해 반년 혹은 그 이상 아프리카 해안에 머무는 일도 있었다. 그동안 선원들은 주갑판을 덮을 지붕을 만들었다. 열대의 강한 햇볕을 가리기 위해서였다.

획득한 노예를 배에 싣기 시작하면, 남성 노예는 2인 1조로 수갑과 족쇄를 채웠다. 나란히 선 두 사람의 서로 맞닿은 쪽의 손목과 발목을 연결하는 것이다. 노예가 늘어날수록 선원들이 해야 할 일도 늘어난다. 그들은 노예를 감시하는 동시에 일상적인 치다꺼리도 해야 했다. 하루에 한 번 노예들을 주갑판으로 데려와 음악에 맞춰 춤을 추게 했다. 음식과 물을 주고 배변까지 처리했다. 변기통 처리는 선원들이 가장 싫어하는 일이었다. 중간 항로로 나가기

전의 일종의 예행연습이었다.

선원들이 싫어한 또 한 가지는 야간에 하갑판의 남성 노예들을 감시하는 일이었다. 노예들이 한밤중에 반란 계획을 꾸미고 실행하는 경우가 있었다. 그런 일을 미연에 방지하기 위해 4시간씩 돌아가며 노예들을 감시했다. 고향 생각에 밤새 뒤척이며 우는 노예며 수갑과 족쇄를 부딪쳐 소리를 내는 노예도 있었다. 아프리카 출신 선원 중에는 같은 고향 출신의 노예와 이야기를 나누는 일도 있었다고 한다. 다만, 반항하는 노예는 채찍질을 했다. 선상에서 폭력적인 수단을 행사할 수 있는 것은 선장, 항해사, 선의와 같은 상급 선원뿐이었다. 하급 선원이 채찍을 사용하는 것은 상급 선원의 명령이 있을 때뿐이었다.

노예선이 목적지에 가까워지면, 노예 거래를 위한 준비에 들어간다. 수갑과 족쇄를 풀고 긴 항해로 생긴 상처를 치료했다. 몸을 깨끗이 씻고 면도도 했다. 마지막으로 염소 기름을 발라 건강해 보이도록 했다. 식사도 소금에 절인 고기 등을 늘려 최대한 체중을 회복하게 만들었다. 전부 '상품'으로서의 노예의 가치를 높이기 위한 수단이었다.

선원들을 기다리는 운명

노예무역에 있어 선원의 사망률이 노예의 사망률과 비슷하거나 그 이상이었다는 사실은 앞서 이야기한 바 있다. 반 년 넘게 아프리카 연안에 머물며 선장과 항해사의 명령에 따라 실제 거래를 이끌었던 선원들은 현지 상인이나 노예와 직접 접촉할 기회도 많았다. 아프리카 연안에서의 사망 원인은 말라리아나 황열병과 같은 모기를 매개로 하는 열병이 많았다. 중간 항로에서는 노예들 사이에 퍼진 이질이나 천연두 등의 전염병이 선원들에게도 전염되었을 가능성이 있다.

아프리카 연안에서부터 중간 항로까지의 혹독한 노동 환경으로 체력 소모가 심해지면서 병에 걸릴 확률도 높아졌을 것이다. 노예 반란으로 부상을 당하거나 선장이나 항해사의 가혹한 징벌로 사망하기도 했다.

중간 항로를 지나 목적지에 도착한 이후에도 선원들에게는 재난이 기다리고 있었다. 노예를 배에서 내리고 매각한 후 노예선은 모항으로 돌아갈 일만 남아 있다. 노예무역의 제3변에서 선원들이 해야 할 일은 극단적으로 줄어든다. 예를 들어, 선원 30명으로 출발한 경우 중간 항로를 지나 노예 매각지에 도착하는 제2변까지는 그들이 필요하지만 모항으로 돌아가는 제3변에서는 선원의 절반 이상이 필요 없게 된다. 중간 항로에서 이미 여럿이 사망하고 돌아가지 않고 현지에 남는 사람도 있었지만 대개는 고향으로 돌아가 힘들게 번 돈을 가족에게 전해주고 싶어 한다.

하지만 잉여 인원을 데리고 돌아가 불필요한 비용을 지출하고 싶지 않았던 선장은 한 가지 계략을 떠올렸다. 중간 항로가 끝나갈 때쯤 선장은 항해사와 결탁해 선원들을 가혹하게 다루기 시작한다. 이유 없이 채찍질을 하거나 식사를 제한하기도 했다. 1790년 영국 의회에서도 '많은 선장들이 선원들을 골칫거리 취급하며 가혹하게 대한다'는 비판이 있었다. 건강 상태가 악화되고 피부병이나 궤양이 생긴 선원은 꼼짝없이 거지 신세가 되었다.

　노예 사망률은 17세기부터 18세기에 걸쳐 서서히 감소했지만 선원의 사망률은 그리 줄지 않았다. 클라크슨이 조사한 결과에 따르면, 1786~1787년 리버풀에서 출항한 노예선의 선원 3,170명 중 귀환한 것은 불과 45%였다. 사망이 확인된 경우가 20%, 아프리카와 남북 아메리카에서 실종된 경우가 35%였다. 마지막 수치는 의미심장하다. 여기에는 아프리카 연안에서 도망치거나 스스로 배에서 내리거나 쫓겨난 이들도 포함되어 있다.

4. 노예 상인과 중개 상인——노예선을 조직한 사람들

노예 상인 데븐포트

　18세기 후반의 영국 더 나아가 유럽 최대의 노예무역항은 여러 번 언급한 바 있는 리버풀이다. K. 모건Kenneth Morgan에 따르면, 리버풀의 노예 상인은 1750년 약 20만 파운드를 노예무역에 투자하고 1800년에는 100만 파운드 이상을 투자했다고 한다. 또 영국에서 노예무역이 금지된 1807년에는 리버풀에서만 264만1,200파운드가 노예무역에 투자되었다. 리버풀의 노예선은 총 117만 명 이상의 노예를 거래한 것으로 추정된다.

노예 상인은 자신이 소유하거나 빌린 노예선의 의장艤裝을 갖추고 선장과 선원을 고용했으며 노예와 교환할 상품을 구입하고 관세를 치렀으며 보험을 들었다. 말하자면, 그들은 노예무역 전체를 조직하고 투자한 사람들이었다.

D. 포프David Pope에 따르면, 1750~1799년 리버풀에는 1,350명이 넘는 노예무역 투자가들이 있었다고 한다. 이 중 상당수는 소규모 투자가였으며 한두 번 투자한 후 금방 손을 뗐다고 한다. 포프는 18세기 후반 리버풀의 주요 노예 상인 201명의 이름과 투자횟수 그리고 그들의 재산 등을 분석했다.

그중 가장 중심적인 역할을 한 인물이 윌리엄 데븐포트William Davenport(1725~1797)이다.

경제학자 나가사와 세리카長澤勢理香는 이 데븐포트에 주목해 그가 투자한 노예선 호크호의 3번의 항해를 분석했다. 그 연구에 의하면, 데븐포트는 평생 70여 척의 노예선, 총 160회 가량의 노예무역에 투자했다. 투자 총액은 12만 파운드에 달했다고 한다. 그는 노예뿐 아니라 상아, 설탕, 담배, 구슬 등도 거래했지만 사업의 중심은 노예무역이었다. 그중 1779년, 1780년, 1781년 노예선 호크호의 항해를 통한 노예무역 수지가 밝혀졌다.

호크호의 첫 번째 항해는 1779년 6월 6일 시작되었다. 선장은 J. 스메일John Smale, 선원은 42명이었다. 비아프라만의 카메룬 강 부

표 9 호크호의 첫 번째 항해 수지표

(단위: 파운드)

지출 항목		금액	수입 항목	금액
선체와 의장		2,430	노예 368명의 거래 수익	9,909
상품군		3,282	상아 거래 수익	2,697
내역	구슬	1,351	화물 수송 이익	801
	직물	228	선체 및 의장 견적 평가액	1,000
	진주	507		
	철기	486		
	의류	135		
	무기	151		
	술	110		
	유리·도자기	96		
	칼	54		
	식료품·잡화	164		
선원 임금·식량		1,074		
나포 면허장		34		
관세		142		
잡비		103		
합계		7,065	합계	14,407

출전) 나가사와 세리카 『18세기 후반 영국 노예무역의 지불 수단 및 그 중요성』(도시샤
   대학교·학위 논문) 21쪽.
주) 실링 이하는 버림.

근에서 획득한 노예 402명을 싣고 자메이카의 킹스턴에 도착한 것
은 이듬해인 1780년 2월 17일로 중간 항로에서 34명이 사망했다.
리버풀로 돌아온 것은 같은 해 7월 24일이었다.

표 9가 이 항해의 수지표이다. 지출 항목에서는 우선 선체와 의
장 비용이 2,430파운드, 노예와 교환할 상품 구입에 든 비용이
3,282파운드이다. 그중에서도 구슬 구입에 가장 많은 1,351파운
드를 지출했는데 이것은 데븐포트가 노예무역용으로 베네치아에

서 구슬을 대량 수입했기 때문이다. 구슬은 아프리카에서 장식품으로 인기가 높았다. 구슬은 중세 이후 유리 공예가 번성한 베네치아의 주요 수출 상품이었다. 그 밖에 직물(아마도 면직물), 진주, 철기, 무기, 의류, 술, 식료품, 잡화가 있다. 선원들의 임금과 식량으로 지출한 비용이 1,074파운드로 여기에는 선장의 보수도 포함되어 있다.

흥미로운 것은 '나포 면허장'이라는 항목이다. 이것은 전시에 적국, 예컨대 프랑스의 배를 나포해도 좋다는 허가장을 말한다. 일종의 해적 행위를 정부가 공식적으로 인정한 것이다. 노예선이 사략 활동까지 했다는 뜻이다. 물론, 적국 프랑스의 노예선도 마찬가지 권리를 인정받았다.

한편, 수입 항목을 보면 노예 368명의 거래 총수익이 9,909파운드, 상아가 2,697파운드, 그 밖의 수익을 합치면 1만4,407파운드이다. 차감액이 7,342파운드, 이윤율은 100%가 넘는다.

두 번째 항해는 1780년 10월 28일 리버풀을 출항해 이듬해인 9월 20일 귀환했다. 노예를 획득한 장소는 첫 번째 항해와 같지만 매각지는 세인트루시아였다. 노예 412명을 구입해 377명을 매각했다. 이 항해에서 눈여겨볼 부분은 세인트루시아에서 리버풀로 돌아가던 중 프랑스 국적의 준 에밀리아Jeune Emilia호를 나포해 귀국 후 약 3,700파운드에 매각한 일이다. 또 세인트루시아에서 구입한 설탕, 커피 따위의 식민지 생산품을 본국에 가져와 파는 등 9,000파운드에 달하는 항해 이익을 거두었다.

하지만 세 번째 항해(1781년 12월 7일 출항)에서는 노예를 싣기도 전에 프랑스 선박에 나포되고 말았다. 손실은 약 6,291파운드에 달했다.

이런 사례로도 알 수 있듯, 노예무역은 매우 위험한 사업이었다. 잘 되면 100% 전후의 이익을 거두었지만 늘 적선에 나포될 위험성이 있었다. 특히 전시에는 더욱 위험했다. 또한 언제 노예 반란이 일어날지, 풍랑이 덮칠지 알 수 없었다. 한 번 항해를 나가게 되면 대략 6,000~7,000파운드 정도의 비용이 드는데 이 금액은 여러 명의 노예 상인들이 공동으로 부담했다. 말하자면, 노예 상인들은 매 항해마다 파트너십을 구축해 자금을 조달한 것이다. 당연히 이익금도 투자 금액에 따라 분배했다.

노예 상인의 성공

이번에는 D. 포프가 분석한 리버풀의 주요 노예 상인 201명의 인물상을 다면적으로 살펴보기로 하자.

201명의 노예 상인 중 130명의 아버지의 직업을 알 수 있었다. 그들은 어느 정도 재산을 소유하거나 무역업자 혹은 기술자였다. 108명은 피고용자이며 그중 80명이 선장 출신으로 노예선의 선장이 71명이었다. 나머지 28명은 배를 만드는 목수, 술통을 만드는 기술자, 돛을 만드는 장인, 배관공 등의 기술자였다. 가난한 노동자 출신은 없다. 노예 상인들은 비교적 무난한 가문 출신이 많았던 것인데 사회 경제적 배경이 무엇이든 그들의 자녀는 노예무역에 투자함으로써 부를 획득·축적해 생활수준을 향상시키려 했던 것은 분명하다.

노예 상인 201명 중 94명이 남긴 재산도 알려져 있다. 1,000~9,999파운드의 재산을 남긴 사람이 52명(55.3%)으로 그들이 리버풀 노예 상인의 중간층을 형성한다. 3만 파운드 이상의 재산을 남긴 상인이 9명(9.6%)으로 거기에는 존 볼튼John Bolton(18만 파운드 미만), 토머스 얼Thomas Earle(7만 파운드 미만), 토머스 레일랜드Thomas Leyland(60만 파운드 미만), 윌리엄 폴William Pole(8만 파운드 미만)과 같은 대상들이 포함되어 있다.

노예 상인들의 생애 주기에 나타난 특징 중 하나로 비교적 늦은 결혼을 들 수 있다. 결혼 연령을 확인할 수 있는 139명 중 거의 절반이 29세 이후에 결혼했다. 결혼이 늦은 것은 노예 상인들의 약 40%가 선장 출신이었기 때문이다. 선장으로 항해를 이끌며 모은 자금을 노예무역에 투자해 부를 축적한 것이다.

그렇게 번 돈은 어떻게 사용했을까.

중간층을 형성하는 노예 상인 중 한 사람인 제임스 그렉슨James Gregson은 유산으로 3,654파운드를 남겼다. 그는 리버풀 중심지에서 교외로 이주해 저택을 지었다. 즉, 부동산에 투자한 것이다. 그의 저택에는 도서실과 와인 저장고도 갖추어져 있었다. 고상한 생활을 추구했던 듯하다. 온갖 가구와 세간을 갖춘 교외 저택에 사는 것은 당시 모든 노예 상인들의 소망이었다. 말하자면, 노예무역이라는 무자비한 사업으로 축적한 부를 고상하고 품격 있는 생활을 위해 쓴 것이다.

노예 상인들이 중요하게 쓴 다른 한 가지는 자녀 교육이었다. 201명의 노예 상인들은 총 914명의 자녀를 두었다(남성 439명, 여성 475명). 그중 262명(28.7%)이 21세 이전에 사망했다. 직업을 알 수 있는 노예 상인의 아들 203명 중 101명이 상업에 종사했으며 법률가, 성직자, 장교 등의 전문직이 49명, 지주가 16명이었다.

흥미로운 점은 그들 중 캠브리지 대학교 출신이 19명, 옥스퍼드 대학교 출신이 22명이나 되었다는 점이다. 수준 높은 교육을 받았다고 볼 수 있다. 옥스브리지 출신자들의 직업은 위에서 언급한 전문직에 집중되어 있다. 노예무역으로 축적한 부를 자녀 교육에 투자함으로써 영국 사회 내에서 지위 상승의 계기를 마련한 것이다.

다만, 모든 노예 상인이 성공한 것은 아니다. 최소 10명의 노예 상인이 파산했다. 또 노예무역에만 의존해 사회적 지위 상승을 이룬 것은 아니었다. 예컨대, D. 바크하우스Daniel Backhouse는 리버풀과 서인도를 오가는 무역 활동으로 부를 쌓고 얼Earle 가문은 이탈리아와의 무역으로도 큰돈을 벌었다. 헤이우드Heywood 가문은 금융업으로 전향했다.

중개 상인과 위탁 판매인

18세기 후반 리버풀의 노예무역을 금융적으로 지원한 이들이 중개 상인이다.

제1장에서도 이야기했듯 삼각 무역을 기반으로 한 노예무역은 점차 변화했다. 이 시기에는 삼각 무역의 제1변+제2변과 제3변이 분리되면서 노예를 매각한 후에는 설탕 따위의 식민지 생산품 대신 밸러스트를 싣고 본국으로 귀환했다. 식민지 생산품은 본국과의 이른바 셔틀 무역을 통해 영국으로 들어왔다. 보통 100~200톤이었던 노예선에 비해 400~500톤급의 셔틀 무역선이 상품을 보다 효율적으로 운송할 수 있었기 때문이다. 다만, 호크호처럼 설탕 따위를 싣고 돌아와 이윤을 남기는 경우도 있었다.

거래 형태가 바뀌자 식민지 생산품을 대신할 새로운 지불 수단이 필요해졌다. 그때 등장한 것이 환어음과 '중개 상인Slave Factor'이다. 중개 상인은 식민지에 거주하며 노예선의 선장으로부터 노예를 구입하고 그 대금으로 환어음을 발행했다. 그리고 구입한 노예를 농장주들에게 팔았다. 발행된 어음은 본국의 위탁 판매인 Commission Agent이 인수했다. 위탁 판매인들은 대부분 런던에 있었던 것으로 보인다.

앞서 소개한 나가사와는 데븐포트의 사료를 이용해 중개 상인과 위탁 판매인의 역할에 대해 분석했다. 중개 상인은 리버풀의 노예 상인과 식민지 농장주 사이에서 노예무역을 주선했다. 환어음을 발행하는 주체는 농장주들이 아닌 중개 상인이었다.

그들은 현지에서 노예 경매를 주관했다. 특히 중요한 역할은 노예 상인에게 현지 상황 즉, 노예의 수요와 실제 가격 등의 정보를 제공하는 일이었다. 노예 상인은 이 정보를 바탕으로 노예를 매각할 곳을 정했다. 뉴턴의 사례에서 보았듯 당시 대서양에는 수많은 배들이 오가며 각종 정보를 주고받았다.

한편, 위탁 판매인은 1670년대 바베이도스의 설탕 농장주가 노예를 구입하면서 발행한 환어음에 대한 인수 업무를 위해 런던에 대리점을 개설하면서 처음 등장했다고 알려진다. 이를 모방해 다른 영국령 서인도 제도에서도 어음을 발행하는 경향이 늘어났다.

이때는 농장주가 직접 어음을 발행했지만 18세기가 되면 중개 상인이 어음을 발행하는 사례가 많아졌다. 왕립 아프리카 회사가 영국의 노예무역을 독점하던 시대에서, 브리스틀과 리버풀을 거점으로 독립 무역 상인들이 활발한 활동을 펼치게 된 시대로 이행할 때이기도 하다.

위탁 판매인은 다음의 세 가지 업무를 담당했다. 첫 번째는 설탕 농장주들을 대신해 본국으로 설탕을 수출하는 위탁 업무이다. 수송선 준비, 선박과 상품의 보험, 관세 납부, 창고 보관, 상품 인도 등의 서비스를 제공했다. 직접 설탕을 판매하는 경우도 있었다.

두 번째는 농장주의 요구에 따라 서인도에서 구할 수 없는 영국 제품의 구매, 농장에 필요한 인재 즉, 백인 고용인이나 각종 기술자 모집, 런던에서 유학하는 농장주 자녀들의 교육 및 관리 등의 다양한 서비스를 제공했다. 세 번째는 노예무역 대금으로 발행한 환어음의 인수와 지불이다. 이런 각종 서비스를 제공하고 농장주로부터 수수료를 받았다.

중개 상인은 어음 만기일을 분산하기 위해 3개월, 6개월, 9개월, 12개월과 같이 지불 기한을 복수로 설정했다. 이런 방식으로 거액의 지불금을 분할할 수 있었다. 노예무역 어음은 출자 비율로 안분한 액면가로 노예 상인의 인원수만큼 발행되었다. 또 매 항해마다 복수의 출자자가 모여 공동으로 투자하는 노예무역은 매번 '선박 관리인Ship's husband'으로 불리는 대표자를 선임했다. 선박 관리인은 노예무역 항해의 전반적인 지휘와 사무를 맡았다.

나가사와에 따르면, 데븐포트의 어음 인수액은 런던에 있는 업자들이 전체의 60%를 차지했다고 한다. 어음 매수枚數는 런던보다 다소 적지만 리버풀의 업자들이 차지하는 비율도 꽤 높았다. 리버풀의 경우, 노예 상인이 직접 어음을 인수했다. 참고로, 그들이 인수한 금액은 전체의 13% 정도였다.

런던의 어음 인수업자들의 면면을 살펴보면 눈에 띄는 특징이 있었다. 대부분 금융기관, 보험회사, 서인도 상사(대리점)와 관련되어 있다는 것이다. 또 위그노나 아일랜드계 혹은 스코틀랜드계처럼 특정 종파나 민족과 관련된 업자들도 다수 포함되어 있었다. 윌리엄 벡퍼드William Beckford는 서인도 상사의 경영자이자 하원의원이기도 했다.

이들은 노예무역 폐지 법안에 관한 의회의 논의에 반대의 목소리를 높였다. 제3장에서는 18세기 후반에 시작된 노예무역 폐지 운동을, 영국을 중심으로 자세히 살펴보기로 하자.

웨지우드가 만든 메달 '나 역시 인간, 그리고 형제가 아닙니까?' (1787년경. 메트
로폴리탄 미술관)

제3장
노예무역 폐지로의 길

1. 서머싯 사건으로 시작된 움직임

재영(在英) 흑인

아프리카 연안으로 향하는 노예선의 출항이 최고조에 달했던 18세기 후반 영국에서는 노예무역과 노예제도에 항거하는 조용한 움직임이 일고 있었다. 그 계기가 된 것이 1772년의 서머싯 사건 판결이다.

1769년 11월, 찰스 스튜어트Charles Stewart는 북아메리카의 버지니아 식민지에서 구입한 노예 제임스 서머싯James Somerset을 영국으로 데려왔다. 1771년 10월 초 서머싯은 런던에서 도망쳤지만 11월 말에 붙잡혔다. 스튜어트는 그를 노예로 되팔기 위해 자메이카로 가는 노예선 선장에게 의뢰했다. 서머싯의 후견인은 쇠사슬에 묶여 배에 갇힌 그를 발견하고 법원에 인신보호 영장을 신청했다. 그리하여 그의 처우를 둘러싼 유명한 재판이 시작되었다.

영국 사회에서는 서머싯과 같은 재영 흑인을 어떻게 보고 있었을까. 18세기에 탄생한 화가 윌리엄 호가스William Hogarth의 작품을 분석한 데이비드 다비딘David Dabydeen의 저작에는 재영 흑인에 관한 내용이 담겨 있다. 예컨대 1723년 4월 5일 런던의 『데일리 저널Daily Journal』지는 '이 도시에는 매일 수많은 흑인들이 유입되고 있다. 그들을 막지 않는다면 런던은 눈 깜짝할 새 흑인들로 가득 넘치게 될 것이다'라고 보도했다.

또한 호가스의 판화에는 다양한 흑인들이 등장해 작품의 도상학

그림 3-1 윌리엄 호가스 〈윌러스턴 일가〉(1730)

적 의미를 암시하는 중요한 역할을 한다. 예를 들어 〈월러스턴 일가〉(그림 3-1)라는 작품에는 상류 가정의 밝고 단란한 모습과 대조적인 흑인 하인들의 모습이 그려져 있다(왼쪽 뒤편에 희미하게 보인다). 이 가족이 누린 부와 식민지에서의 상업적 이익은 착석자 중 잉글랜드 은행장의 딸과 왕립 증권거래소의 소장을 지내고 후에 남해회사의 이사가 된 인물이 포함되어 있었던 덕분이다. 한편, 흑인은 이렇게 밝은 빛에 둘러싸인 사람들을 더욱 돋보이게 하는 그림자 같은 존재였다.

또 다른 작품 〈토끼〉(그림 3-2)에서는 흑인 토끼 장수의 존재감이 두드러진다. 귀부인이 '아휴, 이게 무슨 고약한 냄새람. 이건 신선하지 않군요'라고 불평하자 토끼 장수는 '부인, 그건 공평하지 않지요. 만약 흑인이 당신의 발목을 묶어 매달면 당신도 고약한 냄새가 날거요'라고 대꾸한 것이다. 이런 위트 넘치는 대화는 그가

그림 3-2 〈토끼〉(1792년의 판화. 데이비드 다비딘 『대영제국의 계급·인종·성』 24쪽 중)

수완 좋은 장사꾼이라는 것을 보여준다. 17~18세기의 재영 흑인들은 하인, 마부, 사환, 병사, 선원, 연주가, 여배우, 매춘부, 걸인, 노점상 등 다양한 직업에 종사했다.

역사학자 히라타 마사히로平田雅博는 『런던 가제트The London Gazette』라는 신문의 광고란에 주목해 17세기 후반부터 18세기 초 도망 노예의 사례를 소개했다. 예컨대, 1686년 9월의 기사에는 주인에게서 도망쳤을 가능성이 있는 15세 전후의 흑인 소년이 턴브리지에서 발견되어 현재 토머스 존슨 가에 있으니 소유자가 요구하면 그를 넘기겠다고 쓰여 있다. 또 1701년 10월 및 11월의 기사에는 스티븐이라는 20세 전후의 영어가 능숙한 흑인 남성이 8월 리워드 제도에서 런던으로 들어왔다 10월에 도망쳤다는 내용이 실려 있다. 그는 얼마 후 주인에게 돌아갔지만 11월에 또다시 도망쳤다고 한다.

이런 사례에 등장하는 것은 아프리카계 흑인의 가능성이 높지만 때때로 인도 출신 흑인의 사례도 있다. 1690년 4월에는 12세 전후의 인도 출신 흑인 소년이 런던 근교의 첼시에서 롭 골즈브로(주인의 이름)라고 새겨진 목걸이를 차고 있었다는 기사가 있었다.

이런 사례는 18세기 초의 일이지만 재영 흑인은 17세기 후반 영국 제국의 확대와 궤를 같이 하며 크게 늘어났을 것이다. 그 중심에는 역시 아프리카계 흑인들이 있었다. 참고로, 재영 흑인들을 소유한 주인들의 직업이나 신분은 선장, 장교, 귀족, 판사, 외과의사 등의 전문직이 다수였다고 알려져 있다.

N. 마이어스Norma Myers는 18세기 재영 흑인의 규모를 1만5,000명 이하로 추정한 S. 브레이드우드Stephen J. Braidwood의 설을 지지하며 그중 런던의 흑인 인구가 5,000명 이상이라는 결론에 도달했다.

맨스필드 판결

서머싯 사건으로 돌아가자. 재판은 1771년부디 이듬해에 걸쳐 왕좌 재판소Court of King's Bench에서 이루어졌다. 잉글랜드에서 노예의 존재를 인정할 것인지가 쟁점이 된 화제의 재판이었다. 재판 과정을 깊이 연구한 모리 다테시森建資의 분석을 바탕으로 살펴보자.

서머싯의 대리인 하그레이브Francis Hargrave는 잉글랜드의 전통적인 법체계에서는 농노農奴만이 종속적 신분으로 인정된 유일한

그림 3-3 그랜빌 샤프(*Memoirs of Granville Sharp*, 1820)

존재였으나 농노제는 일찍이 사라졌으며 노예제 역시 존재할 수 없다고 주장했다. 이는 농노제의 쇠퇴로 영국인들의 자유가 회복되었다고 여긴 당시의 역사관에 의거한 주장이었다.

또한 하그레이브는 '고용계약법'을 근거로 고용주master는 고용 노동자servant를 체벌하거나 타인에게 양도할 수 없다고 주장했다. 그는 '노예'의 정의로 다음의 네 가지를 들었다. ①노예는 반영구적으로 노무를 제공해야 하고, 노예주는 체벌을 가할 수 있다. ②노예는 자신을 위해 이익을 추구할 수 없다. ③노예주는 노예를 양도할 수 있다. ④노예의 신분은 부모에서 자녀로 계승된다. 고용 노동자는 위와 같이 정의되는 노예와 대극적인 위치에 있다고 말했다. 여기서 주의해야 할 것은 전통적으로는 하인이나 노예 등을 두루 포함하는 개념이었던 '서번트'를 자유노동을 바탕으로 한 고용 노동자로 한정했다는 점이다.

그렇기 때문에 하그레이브는 잉글랜드에서 노예는 존재할 수 없고 흑인 노예는 잉글랜드에 입국하는 순간 자유의 몸이 된다고 단언했다. 참고로, 처음부터 이 사건에 관심을 갖고 하그레이브를 후원한 인물이 후에 노예무역 및 노예제 폐지운동을 이끈 중심인물 중 한 명인 그랜빌 샤프Granville Sharp(그림 3-3)였다.

이에 대해 스튜어트 측의 대리인 더닝John Dunning은 서머싯이 잉글랜드에 있는 동안은 노예가 아니라는 주장에 대해서는 처음부터 양보했다. 하지만 스튜어트와 서머싯 사이에 맺은 고용주와 고용 노동자의 관계는 유지되기 때문에 고용 노동자는 고용주의 지시에 따라야 한다고 주장했다. 하그레이브와 반대로 전통적인 '서번트'의 개념을 폭넓게 적용해 고용주가 고용 노동자로부터 제공받는 노무의 권리는 보장되어야 하며 그러한 권리 행사에 필요한 사적인 제재권도 인정되어야 한다고 주장했다.

양쪽의 주장이 오간 후, 수석 재판관 맨스필드James Mansfield 경은 잉글랜드의 법으로는 서머싯을 구속해 해외로 매각하는 행위를 인정할 수 없으므로 그를 즉각 석방하라고 판결했다.

사실 이 판결은 서머싯의 석방을 명한 것일 뿐 잉글랜드에서의 노예의 존재를 부정하는 판결은 아니었다. 하지만 판결 후 서머싯이 석방되자 일반에서는 재판소가 잉글랜드 내의 노예제도를 명확히 부정한 것이라고 받아들였다. 예컨대, 판결 다음 날 신문에서는 잉글랜드에 들어온 노예는 자유의 몸이라는 판결이 나왔다고 보도했다.

맨스필드 경은 판결의 취지를 바로잡고자 노력했지만 오해를 풀지는 못했다. 이런 오해는 일종의 신화로 발전했다. 당시 영국 사회에서 노예제에 대한 부정적인 풍조가 생겨나기 시작한 것이다.

노예선 종호 사건

노예무역 폐지운동에 불을 붙인 또 다른 사건이 있다. 1781년에 일어난 종Zong호 사건이다.

1781년 3월 5일 선장 루크 콜링우드Luke Collingwood가 이끄는 노예선 종호(107톤)는 선원 20명을 태우고 리버풀을 출항해 황금 해안으로 향했다. 아프리카에 도착한 날짜는 확실치 않지만 같은 해 9월 6일에는 노예 440명을 싣고 자메이카로 갔다. 항해 중 전염병이 퍼지면서 노예 60명과 선원 2명이 목숨을 잃었다. 감염 확대를 두려워한 선장은 '자연사한 노예는 선주의 손실이지만 산 채로 바다에 던지면 보험회사의 손실'이라고 말했다.

선원 중에는 이런 선장의 주장에 반대하는 사람도 있었지만 결국 선원들은 그날 저녁 콜링우드의 명령대로 노예 54명의 손발을 묶어 바다에 던졌다. 이틀 후 또 다시 42명, 그 후에도 26명의 노예가 바다로 던져졌다. 이런 끔찍한 광경을 본 노예 10여 명이 스스로 바다에 몸을 던져 목숨을 끊었다. 노예들은 기쁜 얼굴로 바다로 뛰어들었다고 한다. 사망한 노예는 총 192명에 달했다.

TSTD 2에 따르면, 자메이카에 상륙한 노예는 208명이었다. 이 수치대로라면 중간 항로에서 사망한 노예는 232명으로 40명이 더

그림 3-4 윌리엄 터너 작 〈노예선〉(1840년. 보스턴 미술관)

많다. 사망률은 53%로, 대서양 노예무역 역사상으로도 드물게 높은 수치이다. 노예선의 공포가 극에 달한 사건이었다. 선장은 식수 부족 때문에 벌어진 일이라며 자신의 행위를 정당화했지만 사실이 아니었다.

1782년 리버풀로 돌아온 노예선의 선주가 보험금 지급을 거부하는 보험회사를 왕좌 재판소에 기소하면서 재판이 시작되었다. 이번에도 재판관은 맨스필드 경이었다. 마침 제2장에서 소개한 올라우다 에퀴아노나 샤프 등이 노예제 폐지운동을 시작하려던 시기였다. 그들은 노예를 산 채로 바다에 던진 것은 명백한 살인이라고 비난했다. 또한 노예선 선장이라고 해서 아프리카인에 대한 살인죄를 저지르고도 아무런 처벌도 받지 않을 권리는 없다고 주장했다.

결국 원고는 패소하고 보험금도 지급되지 않았다. 더 중요한 것은 민사 재판이었음에도 노예무역의 잔인성을 세상에 드러내는

계기가 되었다는 점이다. 후에 영국의 화가 윌리엄 터너Joseph Mal-
lord William Turner는 이 사건을 소재로 그린 〈노예선〉(그림 3-4)이라
는 작품을 남겼다. 때는 반노예제 협회(제4장 참조)가 주도하는 최초
의 반노예제 국제회의가 런던에서 열리게 된 1840년의 일이었다.

2. 폐지운동의 전개——퀘이커 교도와 영국 국교회 복음주의파

런던 폐지 위원회

　서머싯 사건과 종호 사건 등으로 재영 흑인 문제와 노예무역의
잔인성이 세상에 드러나고 아메리카합중국의 독립으로 영국 제국
에 위기감이 감돌기 시작한 1780년대에 노예제 폐지 움직임이 활
발해졌다. 그런 움직임이 한 곳에 모여 마침내 1787년 5월 22일
'런던 폐지 위원회London Abolition Committee가 결성되었다(이하, 런던
위원회로 표기).

　당초 12명으로 시작된 위원회 멤버 중 9명이 조셉 우즈Joseph
Woods, 제임스 필립스James Phillips, 새뮤얼 호어 주니어Samuel
Hoare Jr 등의 비국교회 계통의 퀘이커 교인이었으며 나머지 3명은
앞서 소개한 샤프와 토머스 클라크슨(그림 3-5) 등의 국교회 복음주
의파(후에 클래펌파로 불린다)였다.

　런던 위원회에서는 먼저 샤프를 의장, 호어 주니어를 회계로 선

그림 3-5 토머스 클라크슨(C. F. 폰 브레다 작, 1788년. 내셔널 포트레이트 갤러리)

출해 조직의 당면 목표를 노예무역 폐지로 설정했다. 다만, 샤프는 처음 이 전략에 반대했다. 그는 일찍이 1760년대부터 서머싯 사건을 비롯한 재영 흑인 문제에 깊은 관심을 갖고 노예 해방 즉, 노예제 폐지를 자신의 신조로 삼고 있었기 때문이다. 하지만 사유 재산권에 저촉되는 노예제 폐지의 즉각적인 실현이 어려울 것이라는 지적이 나오면서 당면 목표를 노예무역 폐지로 설정한 것이다.

이처럼 폐지론에도 노예무역 폐지와 노예제도 폐지 어느 쪽을 우선할 것인지 또 어떻게 그것을 실현할 것인지를 둘러싸고 시기에 따라 혹은 각각의 폐지론자들에 따라 의견 차이가 있었다. 어쨌든 런던 위원회에서는 구체적인 활동으로 노예무역 실태에 관한 정보 수집, 클라크슨을 비롯한 노예무역 반대파들의 소책자 발행, 활동에 필요한 기부금 모집 등을 결정했다.

이 위원회가 결성된 데는 런던의 퀘이커 교인들의 역할이 결정적이었다. 그들은 어떻게 자신들의 종교적 신조와 노예무역 및 노예제도 폐지라는 과제를 결합한 것일까.

조지 폭스와 존 울먼

퀘이커교는 17세기 중반 영국에서 탄생한 프로테스탄트의 한 교파로 프렌드Friend파라고도 불렸다. 사람은 누구나 신으로부터의 내적 계시를 받을 수 있다고 설파하는 비非국교회 계통의 종파였다. 지금도 아메리카합중국에 12만 명, 영국에 4만 명 등 전 세계적으로 약 60만 명의 신자가 있다. 일본에서는 『무사도武士道』의 저자 니도베 이나조新渡戶稻造가 유명한 퀘이커 교인이다.

이 교단의 창시자 조지 폭스George Fox(1624~1691)는 흑인 노예에 대해 다음과 같이 말했다. 주인은 노예가 오랜 세월 충실히 일했다면 그들에게 얼마간의 돈을 주고 자유롭게 풀어주어야 한다는 것이었다. 그는 노예 소유 자체를 부정한 것은 아니지만 평생 그들을 노예 신분으로 부리는 것은 비판했다.

또 영국 출신의 퀘이커 교인으로 후에 북아메리카 식민지 펜실베이니아로 건너간 랄프 샌디포드Ralph Sandiford(1693~1733)는 인간의 자유를 빼앗는 일은 가장 악덕한 행위라고 주장했다. 사람을 그가 태어난 장소와 가족에게서 떨어뜨려 낯선 기후와 다른 언어를 사용하는 장소로 끌고 가는 노예무역은 사라져야 한다고 말했다.

세대적으로는 조금 떨어진 존 울먼John Woolman(1720~1772)은 노예 소유와 기독교 신앙은 양립할 수 없다고 생각했다. 그는 퀘이커 교인이 노예무역에 종사하는 것을 비난했다. 또 퀘이커 교인은 백인이 원주민(인디안)과 흑인을 억압하고, 부자가 자신의 이익을 위해 빈민을 착취하는 행위로부터 자유로워야 한다고 주장했다. 더 나아가 노예 노동으로 생산된 염료가 들어간 의복은 물론 설탕, 럼주, 은제품을 사용하는 것을 단호히 거부했다.

하지만 18세기 중반까지 노예 소유나 노예 거래에 반대하는 사람은 퀘이커 교인들 중에서도 소수파였다. 사실 북아메리카 식민지에서는 많은 퀘이커 교인들이 노예를 소유하고 노예 거래에 종사했다.

퀘이커 교인의 결의와 정신

18세기 중반 이후, 이런 풍조가 바뀌기 시작했다. 대서양을 사이에 둔 북아메리카 식민지(後에 아메리카합중국)와 영국에서 노예 문제는 각자의 종교와 윤리에 대한 관념 및 정체성의 경계를 결정짓는 중대한 문제로 떠올랐다. 1758년 런던에서 열린 퀘이커 교인들의 연차 총회에서는 회원들에게 노예무역에 관여하지 않도록 권고했다. 이 결정은 영국 및 북아메리카 식민지 각지의 프렌드회(퀘이커 교인들의 조직)로 전해졌으며 필라델피아, 뉴욕, 메릴랜드, 에든버러의 프렌드회가 뜻을 같이 했다.

1760년 개최된 필라델피아 연차 총회에서는 노예제에 반대하는 의식이 다른 북아메리카 식민지에도 퍼지고 있다는 보고가 있었다. 실제 이듬해인 1761년 필라델피아에서는 노예 수입에 대해 높은 관세를 부과했다. 또 같은 해 5월 런던에서 열린 연차 총회에서는 노예무역에 종사하는 영국의 회원을 프렌드회에서 제명한다는 강력한 결정이 내려졌다. 이 결정은 프렌드회의 정교한 조직망을 통해 영국 각지는 물론 북아메리카 식민지까지 전달되면서 회원 개인의 일상에 커다란 영향을 미쳤다.

이런 일련의 선고 내지는 결의가 나오게 된 배경은 무엇이었을까. 이 종파의 교리와 그 특징을 바탕으로 생각해보자.

퀘이커 교인에게 신=성령이란 헤브라이적 전통의 복수심에 가득찬 분노의 신이 아니라 평화와 사랑의 신, 모든 선한 것들의 원천, 자비의 아버지이다. 이 자비로운 신은 그의 아들 예수 그리스도를 통해 인류를 구원했다. 인류는 십자가에 매달린 예수의 육체적 죽음을 통해 구원받았을 뿐 아니라 인간의 마음속에 있는 예수의 정신을 통해서도 구원받았다. 여기서 이 종파의 가장 중요한 교의인 '내면의 빛Inner Light'이 모든 인간의 내면에 있는 예수 그리스도의 정신이라는 것을 알 수 있다.

그렇다면 예수 그리스도의 정신이란 무엇일까. 여기에 대해서는 해석이 달라지는데 퀘이커 교인은 '인도주의'라는 도덕률을 선택했다. 그리고 인도주의의 핵심은 '타인이 우리에게 베풀어주었으면 하고 바라는 일을 똑같이 타인에게 베푸는' 타자에 대한 공감

의식과 타자를 통한 자기반성의 자세이다.

　이런 정신을 앞서 이야기한 고용주와 고용 노동자의 관계에 대입하면, 고용주는 자신이 가진 것의 절반을 고용 노동자에게 줄 필요는 없지만 입장을 바꾸어 생각했을 때 상대가 나에게 베풀어주었으면 하고 바라는 일을 고용 노동자에게도 베풀라는 말이 된다. 또 노예무역은 아프리카인 가족에게서 부모 혹은 자녀를 빼앗는 지극히 잔인한 거래로, 그 가족의 입장에서 생각하면 결코 용서할 수 없는 행위라고 지탄했다. 이렇게 노예 거래나 노예 소유가 인도주의를 침해한다는 의식이 회원들 사이에 퍼지면서 일련의 선고 내지는 결의가 나오게 된 것이다. 다만, 이런 인도주의가 퀘이커 교인들만의 특별한 신조였던 것은 아니다.

　퀘이커 교인들의 이런 결정은 동시대 프렌드회의 위기의식이 반영된 결과이기도 했다. 17세기 중반 교단이 성립한 직후에는 국교회로부터 심각한 박해를 받았지만 반대로 그런 상황이 회원들 간에 강한 결속을 불러와 당당한 종파로 성장했다. 그러나 18세기가 되면서 이른바 '타성적 시대'를 맞는다. 근검절약을 신조로 살아온 회원들 중 사업에 성공해 부를 축적하는 사람들이 생겼다. 본래 이렇게 쌓은 부는 자선사업이나 선한 목적을 위해 사용해야 했지만 자신의 사치스러운 생활이나 더 큰 부를 얻기 위해 투자하는 등 퀘이커교의 교리에 어긋나는 행위를 일삼는 사람들이 나타났다.

　이런 일탈 행위 중에서도 도저히 묵과할 수 없는 것이 노예 거래와 노예 소유였다. 이런 행위를 지탄함으로써 교단은 '악마의 세계'와 단절하고 '선행'에만 전념하는 특별한 종파라고 하는 정체성을 재구축하고자 한 것이다.

아메리카 독립전쟁이 끝나기 직전인 1783년 6월, 영국의 퀘이커 교인들은 23명으로 구성된 위원회를 만들어 노예무역의 실태 조사를 위탁했다. 또한 노예무역 폐지를 호소하는 퀘이커 교인 273명의 서명이 담긴 청원을 하원에 제출했다. 하원의원 여럿이 노예무역 폐지를 지지했다. 더 나아가 그들은 노예무역의 문제점을 대중들에게 널리 알릴 필요가 있다는 점을 깊이 인식하고 각 지역 신문에 이 문제에 관한 단평을 게시하거나 소책자를 발행하기도 했다. 하지만 퀘이커 교인들의 활동만으로는 한계가 있었다.

테스턴 모임과 제임스 램지

한편, 폐지 운동에 뛰어든 영국 국교회의 복음주의파는 클래펌파로 알려져 있다. 하지만 C. L. 브라운Christopher Leslie Brown에 따르면, 런던 위원회가 결성된 1787년은 클래펌파가 결성되기 전이었다. 실제로는 런던의 클래펌 지구에서 남동쪽으로 40킬로미터 거리에 있는 바햄 코트Barham Court라는 장소에 모인 영국 국교회의 복음주의파 집단을 중심으로 시작된 폐지 운동이 그 기원이라고 한다.

바햄 코트는 엘리자베스 부브리Elizabeth Bouverie라는 자선가의 사유지였다. 그녀는 이곳에서 어릴 적 친구인 마거릿 미들턴Margaret Middleton과 그녀의 남편 찰스와 함께 지냈다. 테스턴 교구에 있었기 때문에 이곳에 모인 사람들을 '테스턴 모임'이라고도 불렀다.

이곳에는 가난한 병자나 부랑자 등을 위한 특별한 시설이 있었다. 마거릿 미들턴은 영국 사회의 도덕 개혁과 동물 애호운동에 깊은 관심을 가지고 있었으며 해군 감사관이었던 남편 찰스는 강제 징집된 수병들의 도덕의식을 높이기 위한 계획을 세우고 있었다. 유명한 시인이자 극작가인 한나 모어Hannah More와 체스터 주교(후에 런던 주교로 승진) 베일비 포투스Beilby Porteus도 종종 이곳을 방문했다.

그리고 1781년 당시 테스턴 교구의 목사였던 제임스 람세이James Ramsay가 찾아왔다. 20년 가까이 세인트키츠 섬 등에 머물렀던 그가 들려주는 노예 농장의 생생한 이야기는 체스턴 모임 사람들의 큰 관심을 끌었다. 본래 람세이의 의도는 영국령 서인도에서 국교회의 지위를 높이고, 강화해 노예들의 처우를 개선하는 일이었다.

람세이는 테스턴 모임 사람들의 권유로 1784년『영국령 설탕 식민지에서의 노예의 처우와 개종에 대한 소론』이라는 저작을 출간했다(그림 3-6). 그는 300페이지가 넘는 이 대작을 통해 고전 고대부터 아메리카 독립 전쟁 시대에 이르는 노예제의 역사를 통관했다. 또한 영국령 서인도의 노예를 '문명화'해야 한다고 주장하며 그 시작을 기독교 포교로 보고 그것이 영국에도 이익이 될 것이라고 말했다. 그는 아프리카인의 지적 능력에도 주목했다.

그림 3-6 제임스 람세이의 저서 속표지(1784년. 보스턴 공공도서관)

이 저작의 특징은 실제 현지에 살아본 경험을 바탕으로 쓰였기 때문에 매우 구체적이고 생생하다는 점이다. 람세이는 노예주가 전제 군주와 같이 군림하며 사치스러운 생활을 할 뿐 아니라 채찍을 휘두르며 노예를 학대하는 등 인간으로서의 품위를 실추시키고 있다고 폭로했다. 그는 노예에 대한 육체적 처벌을 금하고 생활환경을 개선해야 한다고 주장했다.

이 책은 이내 반론을 포함한 다양한 평론에 거론되면서 대중적으로 큰 주목을 받았다. 노예제를 둘러싼 오랜 논쟁에 불을 붙이며 설탕 식민지에 대한 본국의 책임을 상기시키고 노예제의 참상을 해결할 방책에 대한 논의를 불러일으킨 계기가 된 것이다.

테스턴 모임 안에서도 체스터 주교인 포투스는 누구보다 적극적으로 람세이의 생각을 실행에 옮기고자 노력했다. 그는 식민지에서 노예를 단순히 노동력 착취를 위한 기계나 도구처럼 대하는 것을 비판하는 한편 노예를 기독교인으로 개종시켜야 한다고 주장했다.

하지만 노예주들은 하나같이 기독교 교리가 플랜테이션 사회의 질서를 파괴할 우려가 있다고 믿었다. 이런 우려에 대해 그는 기독교 교리가 흑인들이 본분을 지키며 충실하고 근면하게 일하도록 만드는 데 더욱 효과적인 수단이라고도 설파했다. 실제 그는 복음전도협회(18세기 초 결성)에 영국령 서인도에서의 전도 활동 강화를 요청했다. 1784년 그는 바베이도스의 코드링턴 농원에서의 포교 계획을 협회에 제안했다.

한나 모어, 윌리엄 윌버포스, 토머스 클라크슨

이처럼 람세이의 저작은 1780년대 전반에 제기된 폐지론 중에서도 가장 큰 반향을 불러일으켰다. 개인적인 공격을 받기도 했지만 하원의원 윌리엄 졸리프William Jolliffe는 그의 저작을 긍정적으로 받아들여 노예무역의 규모와 실태를 조사하기 위한 특별 위원회 설립을 하원에 제안했다. 람세이 덕분에 테스턴 모임의 평판이 높아지자 후에 폐지 운동가로 이름을 떨친 인물들이 잇달아 테스턴을 찾아왔다.

앞서 언급한 유명한 시인이자 극작가인 한나 모어도 이 무렵 테스턴 모임을 찾아와 종교적 각성 문제에 경도되었다. 그녀는 국교

그림 3-7 윌리엄 윌버포스(칼 A. 히켈 작, 1794년. 윌버포스 하우스, 헐)

회의 뿌리 깊은 제약을 없애고 종교적 감각을 해방해야 한다고 호
소했다. 한편, 모어와 같은 생각을 하고 있던 윌리엄 윌버포스Wil-
liam Wilberforce(그림 3-7)는 1783년 테스턴에서 람세이와 만났다.

 윌버포스는 젊은 나이에 잉글랜드의 최대 선거구 요크셔에서 하
원의원으로 선출되었지만 정치가보다는 종교가로서 뜻을 펼치고
싶은 생각이 강했다고 한다. 어느 길을 선택할지 고심하던 윌버포
스에게 하원의원으로서 노예무역 폐지를 위해 힘써야 한다고 설
득한 것이 앞서 소개한 존 뉴턴이었다. 윌버포스의 전기를 쓴 레
지날드 쿠플랜드Reginald Coupland는 '만약 노예무역의 그림자가 그
의 앞길을 막지 않았더라면 그는 정치 세계에 그리 오래 머물지 않
았을 것'이라고 말했다.

 미들턴, 모어, 윌버포스는 테스턴에 모여 각자가 마음속에 그
리고 있는 개혁의 큰 목표에 관해 몇 시간이고 이야기를 나누었
다. 거기에는 반노예제와 노예무역 폐지도 포함되어 있었다. 하지

만 그 기저에는 어떻게 하면 영국 국교회의 종교적 각성을 이끌어 낼 것인가와 같은 문제의식이 흐르고 있었다. 그들에게 폐지 운동은 종교적 각성의 수단이지 그 반대는 아니었다. 노예무역과 노예제도에 반대하는 복음주의파의 주장은 종교적 자선의 실천이었을 뿐 아니라 구태의연한 국교회를 개혁하기 위한 폭넓은 캠페인 전략이기도 했던 것이다.

1786년 토머스 클라크슨이 테스턴을 방문했다. 그는 1783년 캠브리지 대학교를 졸업했지만 대학에 머물며 성직자가 될 준비를 하고 있었다. 이듬해 그는 대학의 라틴어 논문대회에서 상을 받았다. 1년이 더 지난 1785년에도 헌상 논문을 제출했다. 논문의 주제는 '타자를 그의 의사와 상관없이 노예화하는 것이 정당한가?'였다. 그가 이 논문을 쓸 때 읽었던 노예무역에 관한 문헌 중에는 앤서니 베네젯Anthony Benezet의 『기니의 역사적 평가』(1771년)도 포함되어 있었다. 베네젯은 필라델피아 출신의 유명한 운동가이자 퀘이커 교인이었다.

클라크슨은 그 후 퀘이커교 폐지론자들과 접촉해 1786년 노예제도와 노예무역에 관한 최초의 저작을 마찬가지 퀘이커 교인이자 인쇄업을 하던 제임스 필립스James Phillips를 통해 출간했다. 테스턴을 방문한 것은 그 직후였다. 그리고 테스턴에 머물면서 그는 '자신의 인생을 반노예제와 노예무역 폐지에 바치겠다'고 선언한다.

퀘이커 교인과 테스턴 모임의 인적 교류를 통해 폐지운동은 점차 커다란 물결로 변했다.

3. 노예무역 폐지운동과 설탕 불매운동

제1차 운동

런던 위원회의 활동을 구체적으로 살펴보자. 앞서 설명했듯이 런던 위원회는 1787년 결성 당시 12명의 회원으로 시작해 1792년 12월에는 36명으로 늘었으며 중간에 탈퇴한 사람도 있었기 때문에 가장 많을 때는 43명의 회원이 활동했다. 거기에는 도예가이자 퀘이커 교인으로 폐지 운동을 대중화하는 데 결정적인 역할을 한 조샤이어 웨지우드Josiah Wedgwood와 동물 애호운동으로 이름을 알린 벤자민 M. 포스터Benjamin M. Forster도 있었다. 앞서 소개한 윌버포스는 1791년 찰스 J. 폭스Charles J. Fox, 윌리엄 버그William Burgh 등의 의원들과 함께 참여했다.

위원회의 주요 임무는 노예무역에 관한 정보 및 증거를 수집하고 그 정보를 바탕으로 대중적인 선전 활동을 전개하는 것이었기 때문에 각지에서 위원회 활동을 지원해줄 사람들을 모으는 일이 중요했다. 1787년 7월 당시 후원자 목록에 이름을 올린 사람은 116명으로, 90%가 퀘이커 교인이었다고 한다. 같은 해 말까지 맨체스터, 브리스틀, 셰필드, 리즈를 비롯한 30개 이상의 도시에서 통신원들의 네트워크가 형성되었다.

위원회가 결성된 때부터 15개월에 걸쳐 총 8만5,000부의 편지·소책자·보고서 등이 각지로 보내졌다. 인쇄와 출판은 앞서 언급한 필립스가 맡았다. 위원회의 활동 자금은 기부금으로 충당했다. 1788년 8월까지 2,760파운드의 기부금이 모였으며 기부자 목록에는 2,000명 이상이 이름을 올렸다.

클라크슨은 노예무역에 관한 정보 및 증거 수집을 위해 브리스틀과 리버풀 등의 노예무역항은 물론 국내의 각지를 찾아다녔다. 노예무역의 실태를 대중이 더 쉽게 이해할 수 있도록 노예선의 구조도를 그리는 일에도 착수했다. 앞서 살펴본 리버풀의 노예선 브룩스호이다. 이 구조도(개량판)는 1789년 봄에 출간되어 각지의 통신원뿐 아니라 상·하원의 의원들에게도 보내졌다.

여기서 앞서 언급한 웨지우드가 특별하고 중요한 역할을 했다. 대를 이은 도예가 집안에서 태어난 그는 1759년 독립해 왕실의 비호 아래 크림 웨어Cream ware라고 불리는 고급 식기를 개발하는 등의 큰 성공을 거두었다. 지금까지도 건재한 웨지우드 사의 창립자이다.

1787년 가을, 웨지우드는 런던 위원회 활동의 일환으로 메달을 제작했다. 도안은 우즈, 호어 주니어, 필립스 등의 퀘이커 교인들이 디자인한 것으로 이번 장의 표제지에 실린 사진처럼 쇠사슬에 묶인 채 무릎을 꿇고 있는 아프리카인이 '나 역시 인간, 형제가 아닙니까?Am I Not A Man and A Brother?'라고 탄원하는 모습이 그려져 있다. 웨지우드는 이 메달을 위원회에 무상으로 제공했다. 큰 화제를 부른 이 메달은 머지않아 각국의 노예제 폐지 운동의 공식적인 상징으로 사용되었다.

1788년 1월 런던 위원회를 시작으로 전국적인 의회 청원 운동이 일어났다. 전년 크리스마스 직후, 하원의원 윌버포스는 위원회에 노예무역 폐지 법안을 제출하겠다는 취지를 전달했다. 그의 제안을 받아들인 위원회는 각 지역 통신원들에게 행동에 나설 것을 호소했다. 맨체스터, 요크, 헐, 런던, 버밍엄 등 각지에서 청원 서명부가 도착했다. 3월 9일까지 도착한 100건 이상의 서명부가 하원에 제출되었다. 그중에서도 맨체스터는 1만 명 이상이 서명했다. 선거권을 가진 남성 인구의 2/3에 이른다.

런던 위원회에서도 이렇게까지 대중적인 운동으로 전개되자 놀라움을 감추지 못했다. 다만, 여기에는 몇 가지 문제점이 있었다. 첫 번째는 지역과 단체에 따라 청원 내용이 다르다는 점이다. 예를 들어, 노예무역 폐지뿐 아니라 노예제 폐지나 노예무역의 규제를 요구하는 서명부가 섞여 있는 식이었다. 두 번째는 청원 운동의 기세가 지역에 따라 제각각이었다는 점이다. 잉글랜드 북부의 공업지역(랭커서, 요크서)이 총 서명인 수의 1/3을 차지한 것에 비해 콘월이나 스코틀랜드에서는 반응이 약했고 런던 근교의 여러 주 Home Counties에서도 큰 반응을 이끌어내지 못했다.

윌버포스는 이런 청원 운동의 기세를 등에 업고 바로 노예무역 폐지 법안을 의회에 제출할 생각이었지만 의회는 노예무역에 관한 증거를 모으는 것이 선결 문제라고 결정했다. 런던 위원회로서는 '지구전'을 각오해야 하는 상황이었다. 하지만 위원회의 증거 수집 활동은 1790년 4월 중반에 일단 종료되었다. 그 후, 수상 소 小 피트William Pitt가 의회를 해산하고 전국적인 선거를 실시했다.

1791년 4월 18일 오후 5시 윌버포스는 하원에 또다시 같은 법안을 제의하는 연설을 시작했다. 수많은 증거를 근거로 한 공명정대한 연설이 4시간 넘게 이어졌다. 가장 먼저 반대 의견을 낸 것은 리버풀의 노예 상인 탈턴 대령Colonel Tarleton이었다. 그는 의회의 승인을 받은 이 무역을 폐지하는 것은 국가의 신용과 무역의 가치를 파괴하는 일이라고 주장했다. 또한 윌리엄 영William Young은 언젠가 폐지할 수밖에 없다 해도 지금 폐지하면 다른 나라에 영국의 점유율을 빼앗길 뿐이라고 말했다.

한편, 필립 프랜시스Philip Francis는 서인도에 이해관계가 있었음에도 윌버포스를 지지하며 노예무역이 범죄라는 사실은 누구도 부정할 수 없다고 말했다. 회의가 끝나갈 무렵 피트가 발언을 요청해 노예무역의 폐해와 위법성을 다시 한 번 강조했다. 또 찰스 J. 폭스는 만약 하원이 이 법안을 부결한다면 의회가 약탈, 강도, 살인을 승인한 것이나 다름없다며 폐지 반대파들을 강하게 견제했다.

이런 논쟁은 4월 20일 새벽 3시 30분까지 이어지다 윌버포스의 마지막 답변을 끝으로 막을 내렸다. 투표를 위해 참석한 의원은 전체 의원 수의 절반 이하였다. 윌버포스의 제의는 88대 163으로 부결되었다.

국제적 연대

이 일을 전후로 런던 위원회는 유럽 각국과 아메리카합중국에서 노예무역과 노예제도에 반대하는 조직이나 개인과의 연대를 모색했다. 영국이 먼저 노예무역을 폐지할 경우, 경쟁국이 그 빈자리를 차지해 이익을 볼 것이라는 식의 논의를 견제하기 위해서였다. 즉, 관련 각국의 지지 표명이 영국의 노예무역 폐지 운동을 성공으로 이끄는 열쇠라고 생각한 것이다.

런던 위원회는 식민지 시대부터 퀘이커 교인들을 중심으로 연대해온 아메리카의 필라델피아나 뉴욕 등의 노예제 폐지협회를 움직여 연방 수준의 협력을 호소했다. 그 결과, 1788년까지 펜실베이니아를 비롯한 6개 주에서 노예무역 즉시 폐지 법률이 성립했다. 여기에 호응해 연방 정부도 1808년까지 노예무역을 폐지하기로 결정했다.

한편, 유럽 대륙에서는 특히 프랑스의 '흑인 친우회Societe des Amis des Noirs'와 연대를 돈독히 했다. 런던 위원회는 프랑스 혁명 이전부터 프랑스의 반노예제 지지자들과 접촉하고 있었다. 문필가이자 혁명 이후에는 지롱드파의 지도자가 된 자크 피에르 브리소Jacques Pierre Brissot는 1787년 영국을 방문해 런던 위원회의 회원을 만났다. 프랑스로 돌아간 그가 1788년 2월 런던 위원회의 파리 지부로 설립한 것이 흑인 친우회였다. 설립 목적은 노예무역 및 노예제도의 잔인성과 불법성 그리고 비인간성을 고발하고 폐지를 촉구하는 것이었다. 흑인 노예 식민지의 양대 보유국이라 할 수 있는 영국과 프랑스에서 정의와 인도주의를 내세워 여론을 환기하고자 나선 것이었다.

백과전서파의 콩도르세Marquis de Condorcet가 초대 회장으로 취임했다. 100명 전후의 회원 중에는 앞서 언급한 브리소, 『제3신분이란 무엇인가』를 쓴 시에예스Emmanuel- Joseph Sieyès, 「인권선언」을 기초한 라파예트Marquis de Lafayette, 그레그와르Henri Grégoire 신부 등이 포함되어 있었다. 프랑스 혁명이 일어난 직후, 클라크슨은 파리를 방문해 콩도르세, 라파예트 등과 만났다. 그러나 혁명 과정에서 콩도르세, 미라보Comte de Mirabeau 등 많은 회원들이 체포되어 활동이 중단되고 말았다.

그 밖에도 런던 위원회는 그때까지 출간한 여러 권의 소책자를 프랑스어, 스페인어, 포르투갈어, 네덜란드어, 덴마크어로 번역해 각국에 전파했다. 위원회는 이런 연대 활동을 통해 노예무역에 반대하는 국제적인 움직임이 싹트기 시작하는 것을 확인했지만 결국에는 영국이 모범을 보여야 한다는 점을 통감했다.

설탕 불매운동

청원 운동의 성과에도 불구하고 윌버포스의 제의가 하원에서 부결되자 런던 위원회 내에는 비관적인 분위기가 퍼졌다. 1791년 4월 26일 위원회는 비관론 불식과 조직 강화를 위해 노예무역 반대파 의원인 윌버포스, 폭스, 윌리엄 스미스, 윌리엄 버그 등을 새로운 회원으로 맞았다. 윌버포스는 이때 정식으로 위원회에 가입했다. 같은 해 7월, 클라크슨은 각지의 폐지론자들을 만나기 위한 여정을 시작했다.

비슷한 시기, 의외의 장소에서 노예무역 폐지운동이 일어났다. 서인도산 설탕의 불매운동이었다. 클라크슨은 후에 이 불매운동에 참가한 사람이 영국 전체에서 30만 명에 달했다고 추정했다.

그 계기가 된 것은 윌리엄 폭스William Fox의 소책자『서인도산 설탕과 럼주를 삼가는 행동에 대한 영국 국민을 향한 호소An address to the people of Great Britain, on the propriety of abstaining from West India sugar and rum』였다(그림 3-8). 한 부에 반 페니, 12페이지 분량의 이 소책자는 발행된 지 4개월 만에 5만부가 팔렸으며 버밍엄에서는 1791년 말에 이미 10쇄를 돌파했다고 한다. 이 소책자가 이렇게까지 사람들의 마음을 끈 이유는 무엇이었을까.

이 소책자의 가장 큰 특징은 노예무역 폐지를 설탕 소비라는 지극히 일상적인 생활양식과 연관시켜 일반인들의 구체적인 행동을 촉구했다는 점이다. 당시 영국 사회에서는 설탕을 홍차는 물론 커피나 코코아 등에 넣어 마시거나 과자류에도 풍부하게 사용했다. 유럽 최대의 설탕 소비국 영국에서 사용되는 설탕은 자메이카, 바베이도스, 안티구아 등의 노예제 플랜테이션에서 생산하고 있었다. 이 소책자는 영국인들이 매일 즐겨먹는 설탕이 영국령 서인도에서 노예 노동으로 생산된 것이라는 사실을 지적한 것이다.

예를 들면, 다음과 같은 대목이 있다. '매주 5파운드(중량)의 설탕

그림 3-8 윌리엄 폭스가 집필한 소책자(1791년. 보스턴 공공도서관)

을 사용하는 가정에서 21개월간 설탕을 먹지 않으면 아프리카인 노예 1명에 대한 '살인'을 막을 수 있다'거나 '아프리카인 노예가 생산한 설탕 1파운드를 소비하는 것은 2온스의 인육을 소비하는 것과 같다'는 것이다.

즉, 일상적으로 서인도산 설탕을 소비하는 사람은 자기도 모르게 살인을 저지르거나 인육을 먹고 있다는 말이다. '우리가 수년만이라도 설탕 소비를 줄이면 서인도에서의 노예무역을 붕괴시킬 수 있고 노예들의 상황도 개선되어 자연 증가를 도모할 수 있을 것'이라고 주장했다.

또한 다음과 같은 역사 인식에 대해서도 이야기한다. '우리는 잔인성과 악덕이 활개 치는 무지몽매하고 야만적인 시대를 지나 '계몽의 시대'를 살고 있다. 그러나 아직도 과거의 야만성을 충분히 극복하지 못했다. 더없이 세련된 인도주의적 감성을 지닌 척 가장하며 노예무역이라는 전례 없는 학살 행위를 일삼고 있기 때문이다.'

폭스는 영국 국민들에게 서인도산 설탕의 소비를 멈추고 '계몽의 시대'에 걸맞은 삶을 살 것인지 아니면 사치스러운 생활을 계속하며 '야만의 시대'로 되돌아갈 것인지를 선택해야 한다고 말한다. 그의 이런 언설이 사람들의 가슴에 날카롭게 파고든 것이 아닐까.

실제 버밍엄에서는 1,000가구 이상이 설탕 소비를 중단했다. 런던에서도 2만5,000명이 설탕 불매운동에 참가했다. 국왕 조지 3세와 샬롯 왕비도 불매운동에 동참했다고 한다. 당시 웨일스와 잉글랜드 각지를 돌던 클라크슨에 따르면, 그가 지나친 모든 도시의 사람들이 이 운동에 참여했다고 한다. 모든 계층과 집단 그리고 국교회와 비국교회 신자들 모두 불매운동에 동참했다.

가장 눈에 띄는 점은 여성들의 참여도가 높았다는 것이다. 가정 내 소비 생활의 주체는 대개 여성들이었기 때문에 설탕 소비 문제는 노예의 처우를 가족들이 한데 모이는 '거실'에서 생각하게 만든 계기가 되었다.

제2차 운동

이 새로운 청원 운동이 점차 확대되어 1792년 2월에는 각지에서 전개되었다. 런던 위원회는 지난 운동의 문제점을 극복하기 위해 청원 서명의 내용과 형식을 최대한 통일하고자 했다. 즉, 청원 내용은 노예무역 폐지에 한정하고, 같은 장소에서는 같은 형식의 서명부를 사용하며, 중복 서명을 최대한 피하는 것이었다.

맨체스터에서 가장 먼저 서명부가 도착했다. 계속해서 캠브리지, 뉴캐슬, 워릭, 헐, 셰필드, 글래스고 등이 이어졌다. 3월 말까지 합계 519건, 약 40만 명분의 청원 서명이 하원에 제출되었다. 동일 회기 중 한 가지 문제로 이렇게 많은 서명이 제출된 것은 최초였다. 당시 영국 성인 남성 인구의 약 13%에 이르는 것으로 추정된다.

이 청원 운동을 배경으로 윌버포스는 1792년 4월 2일 하원에 노예무역 폐지 법안의 동의를 제출했다. 오후 6시 무렵 윌버포스의 연설로 시작된 논의가 밤새 이어졌다. 피트는 발언 도중 창문을 통해 비친 아침 햇살을 보고 즉석에서 '아프리카에 희망의 빛이 떠오를 것'이라는 바람을 밝히기도 했다.

하지만 당시 회의에서 가장 주목을 받은 인물은 헨리 던다스 Henry Dundas였다. 그는 하원의 분위기를 정확히 읽어내고 윌버포스의 노예무역 즉시 폐지에 대해 점진적 폐지를 주장했다. 다른 의원들도 서인도 경제에 급격한 타격을 입히지 않고도 노예무역의 범죄성을 비난할 수 있는 그의 중용지도를 높이 평가하며 지지했다. 그 결과, 던다스의 점진적 노예무역 폐지 법안은 230대 85라는 압도적 다수의 지지를 얻으며 하원을 통과했다.

사실 런던 위원회 내에서도 윌버포스의 동의안 제출이 시기상조

라며 반대하는 의견이 있었다. 프랑스에서는 혁명이 한창인데다 1791년에는 식민지 생 도맹그(아이티)에서 대규모 노예 반란이 일어났다. 노예무역 폐지를 위한 청원 운동을 프랑스 혁명에 호응한 영국 내 자코뱅파가 주도한 일이라고 생각하는 지역도 있었다. 즉 '노예무역 폐지'와 '혁명'을 동일시하는 풍조가 싹트고 있었던 것이다.

런던 위원회는 노예무역 폐지가 영국령 서인도에서의 소유권 붕괴로 이어지는 것은 아니라는 주장을 펼쳤다. 하지만 많은 사람들에게 폐지 운동은 프랑스 혁명이나 아이티의 노예 반란과 같이 폭력과 소란의 상징으로 비쳐졌다.

윌버포스를 비롯한 위원회 회원들은 1787년 이후부터 그들이 목표로 삼아온 노예무역 즉시 폐지안이 좌절되자 굴욕감을 느꼈다. 하지만 이내 정신을 가다듬고 점진적이라는 말이 다의적으로 해석될 가능성이 있음을 지적하고 최대한 그 기한을 줄이는 방향으로 의회를 설득하기 위해 움직였다. 1792년 4월 27일 하원에서의 오랜 논의 끝에 그 기일을 1796년 1월 1일로 결의했다.

하지만 상원은 이 결의에 반대하며 이 건에 관한 더 많은 증거를 요구했다. 결국 하원 결의는 무산되었다. 이듬해인 1793년 하원은 노예무역 문제에 대한 거론 자체를 반대했다. 런던 위원회는 또다시 설탕 불매운동을 전개하려 했지만 성공하지 못했다. 그 후, 위원회와 노예무역 폐지 운동은 긴 침체기를 보내게 된다.

4. 아이티의 노예 반란

카이만 숲의 의식

1791년 8월 14일 밤, 카리브 해에 위치한 에스파뇰라 섬 서쪽 절반을 차지하고 있는 프랑스령 생 도맹그(지금의 아이티 공화국) 북부의 카이만 숲에 노예들이 모여들었다(그림 3-9). 대규모 봉기를 계획하기 위해 모인 이 집회에는 각지의 플랜테이션 농장을 대표하는 약 200명의 노예 감독이 참가했다. 주최자는 부크만Dutty Boukman이라는 흑인이었다. 그는 집회에 모인 흑인들을 고무해 8월 22일 봉기를 일으키기로 결정했다. 훗날 '아이티 혁명'으로 불리게 된 노예 봉기가 시작된 것이다.

아이티 혁명을 연구해온 하마 다다오浜忠雄에 따르면, 집회를 마치기 전 감동적인 의식이 행해졌다고 한다. 이른바, 부두 의식 Vodou ceremony이다. 퍼붓는 뇌우 속에서 장신의 흑인 여성이 머리 위로 칼을 휘두르며 '해골 춤을 추고 아프리카풍의 노래를 불렀다.' 그녀는 칼로 흑돼지의 배를 가르고 '그 뜨거운 피를 모두에게 마시게 했다.' 그리고 봉기의 우두머리 부크만에 대한 절대 복종을 맹세했다고 한다.

이 '카이만 숲의 의식'이 실재했는지에 관한 의문도 있지만 흑인 노예들의 봉기가 8월 22일 밤 시작되었다는 것에 대해서는 이론의 여지가 없다. 플랜테이션 농장을 탈출해 북부 아쿨 만 기슭에 집결한 노예들은 부크만과 오귀스트를 지휘관으로 선출해 주변 농

그림 3-9 노밀(Andre Normil) 작. 〈카이만 숲의 의식〉(1990년. 하마 다다오
『카리브로부터의 질문』 20쪽 중)

장의 관리인과 농장주를 해치고 농장 건물에 불을 질렀다. 노예
반란은 북부 일대로 급속히 번져 나가며 다음 날 아침까지 37명이
목숨을 잃었다.

　당초 1만2,000명 내지는 1만5,000명이었던 봉기 세력이 1791년
말이 되자 5만 명 이상으로 크게 늘었다. 이것은 당시 북부에 있던
노예 수의 약 30%에 해당한다. 총이나 농기구로 무장한 노예들은
레 카프로 모여 그곳을 거점으로 삼았다. 같은 해 9월 말까지 북부
의 설탕, 커피 농장 다수가 불타고 백인 1,000명 이상이 살해당했
다고 한다.

　1789년 아이티의 인구는 백인 3만826명, 유색 자유인 2만4,848
명, 흑인 노예 43만4,429명으로 총 49만103명이었다. 아이티 인구
의 약 90%가 흑인 노예였다. 백인들은 대개 프랑스에서 온 식민자
로 농장 소유주, 관리인, 식민지 관리, 무역상인 등이었다. 유색 자
유인은 대부분 백인과 흑인 사이에서 태어난 혼혈(물라토) 자유인으
로, 해방된 흑인도 포함된다.

참고로, 다른 프랑스령 서인도의 노예 인구(1788년)는 과들루프가 약 8만5,000명, 마르티니크가 약 7만3,000명이었다. 아이티에는 이들 지역보다 5~6배나 많은 흑인 노예들이 있었던 것이다. 아이티의 노예제 플랜테이션에서 생산한 설탕과 커피는 프랑스 혁명 이전 구체제Ancien Régime에서 '카리브 해의 진주', '앤틸리스의 여왕' 등으로 불리었을 만큼 프랑스에 막대한 부를 가져다주었다.

프랑스 혁명과 인권 선언

18세기 프랑스는 영국과의 계속된 전쟁으로 재정이 파탄에 빠진 상황이었다. 국왕 루이 16세는 이를 해결하기 위해 특권 신분에 대한 과세 등의 재정 개혁을 시도했지만 특권 신분층의 저항으로 1615년 이래 열리지 않았던 삼부회를 소집하게 되었다. 1789년 5월 베르사유에서 열린 삼부회에서는 의결 형식을 둘러싸고 특권 신분과 제3신분(평민)이 대립했다.

다음 달, 제3신분 의원들은 자신들이야말로 국민을 대표하는 국민 의회라고 선언하고 헌법의 기초를 시작하지만 국왕과 일부 귀족들은 무력으로 이를 탄압했다. 같은 시기, 빵 가격 폭등 등의 문제로 먹고 살기 힘들어진 파리의 대중은 압제 정치의 상징과도 같은 바스티유 감옥을 습격하고 여기에 호응한 농민들의 봉기가 이어지며 이른바, 프랑스 혁명이 일어났다.

같은 해 8월, 국민 의회는 봉건적 특권 폐지를 결정하고 영주 재판권, 십일조 등의 권리를 박탈했다. 또 의회는 모든 인간의 자유, 평등, 주권재민, 사유재산의 불가침 등을 천명한 인권 선언을 채택했다. 이로써 구체제로부터 완전한 결별을 선언했다.

그런데 하마 다다오는 인권 선언을 신중히 해석할 필요가 있다고 말했다. 먼저 '인권 선언'의 정식 명칭은 '인간과 시민의 권리 선언'이다. 다시 말해 '인간의 권리'와 '시민의 권리' 이 두 가지를 명확히 구분해야 한다. 예컨대, 제1조에는 '인간은 자유롭고 평등한 권리를 지니고 태어나서 살아간다'고 되어 있다. 여기서 말하는 '인간'은 어디까지나 일반적이고 추상적인 인격으로, 현실적 존재로서의 개개인을 의식한 표현이 아니다.

'시민의 권리'는 어떨까. 제14조에는 '모든 시민에게는 직접 혹은 대표자를 통해 조세의 필요성을 결정하고 그것을 자유로이 승인하고 그것의 용도를 확인하고 조세 부과율과 조세의 산출 방식과 징수 방법과 징수 기간을 결정할 권리가 있다'고 되어 있다. 조세의 부과나 용도를 결정할 권리, 입법에 참가할 권리, 공직에 진출할 권리 등은 '시민의 권리'일 뿐 '인간의 권리'는 아니다.

그렇다면 누가 '시민의 권리'를 행사할 것인가. 여기에 대해서는 명문화되어 있지 않다. 다만, 심의 과정에서 시에예스는 '최소한 현 상황에서는 여성, 어린이, 외국인 그리고 공적 시설 유지에 아무 공헌도 할 수 없는 자는 공적 문제에 영향력을 행사할 수 없다'고 표명했다. 여기서 '공적인 문제에 능동적으로 영향력을 행사'하는 사람을 '능동 시민'이라고 부르며 그 자격을 일정 금액 이상의 조세를 납부하고 피고용자가 아닌 25세 이상의 프랑스인 남성으로 규정했다. 하마 다다오는 이 조건을 충족하는 능동 시민은 1791년의 통계에 따르면 약 430만 명으로 전 인구의 15.6%에 불과했다고 한다.

당연히 흑인 노예는 시민으로 포함되지 않을뿐더러 인간도 아닌 노예주의 '재산'이었다. 인권 선언의 채택은 흑인 노예와는 무관한 일이었다.

노예제 폐지

아이티에서 일어난 노예 반란 소식이 본국 의회에 전해진 것은 놀랍게도 봉기가 일어난 지 2달 이상 지난 1791년 10월 말이었다. 이 소식에 대해 프랑스 국내에서는 다양한 논의가 터져 나왔지만 혁명이 한창 진행 중인 혼란한 상황이기 때문에 유색 자유인과 백인이 동맹을 맺으면 노예 봉기나 이를 틈탄 영국의 침략으로부터 식민지를 지킬 수 있다는 주장에 힘이 실렸다. 그리하여 1792년 4월 유색 자유인과 백인의 법적 평등을 규정하는 법령이 발포되었다. 유색 자유인은 노예 봉기를 이용해 자신들의 요구를 실현한 것이다.

한편으로는 장 폴 마라Jean-Paul Marat와 같이 노예 봉기에 공명한 공화주의자도 있었다. 그는 '식민지가 본국의 폭압으로부터 벗어날 권리'라는 논문에서 유색 자유인과 흑인은 백인 식민자에 대해 자결권을 행사할 수 있다는 급진적인 주장을 전개했다.

이런 와중에 유럽에서 시작된 혁명전쟁의 영향이 대서양 너머의 아이티까지 번졌다. 프랑스는 1792년 4월 오스트리아에 선전포고를 하고 이듬해 2~3월에는 영국, 스페인과도 전쟁에 돌입했다. 스페인군은 아이티 동쪽에 인접한 스페인령 산토도밍고를 통해 아이티 북동부를 침공하고 영국군은 9월 자메이카를 통해 진격해 아이티 남서부를 제압했다. 실은 아이티의 일부 농장주들이 영국군과 내통해 길을 열었던 것이다. 영국군은 아이티 노예 봉기의 여파가 자메이카와 그 밖의 지역으로 미치는 것을 막았다.

한편, 프랑스 본국에서는 1793년 1월 루이 16세가 처형되고 아이티로 파견된 군대는 공화파와 왕당파로 분열되어 통제가 불가능해졌다. 아이티에 있는 프랑스인들 중 일부는 노예 봉기가 일어난 직후 본국으로 돌아가거나 아메리카합중국 혹은 자메이카 등지로 탈출했다. 특히 1793년 6월 '마카야 사건'이라고 불린 흑인들의 백인 학살 사건을 계기로 1만 명 규모의 백인들이 아메리카합중국과 자메이카로 떠났다고 한다.

식민지를 잃을 위기에 처한 프랑스 정부는 송토나Leger Felicite Sonthonax 등의 대표 위원을 파견해 흑인 노예들을 영국군과 스페인군에 맞서 싸울 병력으로 동원하고자 했다. 그러려면 먼저 흑인 노예를 해방시켜야 했다. 1794년 2월 4일 국민 공회는 다음과 같은 결의를 통과시켰다. '국민 공회는 모든 식민지에서 흑인 노예제도가 폐지되었음을 선언한다. 따라서 국민 공회는 식민지에 거주하는 사람은 모두 피부색의 구별 없이 프랑스의 시민으로 규정하고 헌법이 보장하는 모든 권리를 누릴 수 있음을 선언한다.'

하마 다다오에 따르면, 이 결의는 '공화국 만세', '국민 공회 만세'와 같은 탄성과 박수가 쏟아지는 가운데 채택되었다고 한다.

투생 루베르튀르와 나폴레옹

아이티 혁명과 프랑스 혁명에 관해 이야기할 때 반드시 등장하는 인물이 있다. 투생 루베르튀르Toussaint Louverture와 나폴레옹Napoléon Bonaparte이다.

투생은 노예가 아닌 유색 자유인이었지만 최초의 지도자 부크만이 처형된 후 봉기에 참가해 뛰어난 정치적·군사적 수완으로 노예 해방 전쟁을 이끌었다. 한편, 나폴레옹 보나파르트는 1799년 '브뤼메르 18일 쿠데타'로 독재 권력을 손에 넣은 이후 앞서 설명한 국민 공회의 노예제 폐지 결의를 파기하고 아이티에 노예제를 부활시키려고 했다. 아이티는 이에 저항해 프랑스로부터 독립하기 위한 투쟁을 벌였다.

투생의 부모는 노예무역으로 서아프리카에서 아이티로 끌려와 북부 플렌 디노에 있는 노에Noé 백작 소유의 플랜테이션 농장의 노예가 되었다. 1777년경 해방된 투생은 20헥타르 가량의 커피 농장과 노예 13명을 소유하게 되었다. 그는 농장 경영으로 상당한 부를 축적했다고 한다. 또한 그는 프랑스어와 산술을 배우고 고대

그림 3-10 투생 루베르튀르(1797~1801년 무렵의 판화. 뉴욕 공공도서관)

로마의 카이사르Gaius Julius Caesar가 쓴 『갈리아 전기』나 계몽사상가 아베 레날Abbé Raynal의 『두 인도의 역사』 등의 서적을 읽는 등 유색 자유인 중에서도 수준 높은 교양을 갖추었다고 한다(그림 3-10).

　투생이 노예 반란에 가담했을 당시, 봉기한 흑인 노예들은 프랑스 부르봉 왕가의 상징인 백합이 수놓아진 깃발을 들고 행진했다. 즉, 반란 초기에는 프랑스로부터의 독립이 아닌 어디까지나 노예 신분에서 벗어나는 것이 목표였다. 따라서 봉기 노예들의 창끝은 백인 농장주를 향하고 있었다.

　약초에 관한 지식이 있던 투생은 간호병들을 지휘하는 감독으로 두각을 드러내며 부대의 지휘를 맡게 되었다. 그 후, 시기는 분명치 않지만 1793년 3월에는 다른 지휘관들과 함께 산토도밍고의 스페인군에 합류해 같은 해 10월 아이티 북부를 제압했다. 스페인군과 동맹을 맺은 것은 자금이나 군량의 공급뿐 아니라 스페인 시민으로서 자유와 권리를 제공하겠다는 약속이 있었기 때문이었다.

그렇다고 아이티에서의 노예 해방을 단념한 것은 아니었다. 1794년 5월 그는 스페인군을 떠나 프랑스군에 가담했다. 스페인 시민으로서 자유를 얻은 것은 일부 흑인에 불과했지만 앞서 언급했듯이 당시 프랑스 본국에서는 노예제 폐지 결의가 나온 것이었다.

프랑스군에 합류한 투생은 같은 해 6월 스페인군으로부터 아이티 북부를 탈환하고 진격해온 영국군에 맞서 승리를 거두었다. 1797년 5월 투생은 아이티 방위의 총사령관으로 임명되었다. 하지만 앞서 살펴보았듯이 프랑스 본국에서는 나폴레옹이 노예제 부활을 꾀하고 있었다.

이런 상황을 경계한 투생은 영국과 아메리카합중국에 접근했다. 영국과의 교섭 내용은 아이티를 침략하지 않는 대신 아이티도 자메이카를 침략하지 않으며 아이티의 독립을 지원한다는 것이었다. 미국과는 무역 진흥에 대해 합의했다. 하지만 양국과의 관계는 오래가지 못했다. 영국이 프랑스와 '아미앵 조약'(1802년)의 교섭을 시작하자 투생과의 관계는 결렬되고 아메리카합중국과도 거리가 생겼다.

그동안 투생은 1800년 7월에는 아이티의 거의 전 지역을 장악하고 이듬해인 1801년 2월에는 나폴레옹에 의해 장군으로 임명되었다. 7월에는 총 77개조의 '프랑스령 식민지 생 도맹그 헌법'을 공포했다. 주목해야 할 것은 이번에도 아이티를 식민지로 규정하고 독립을 표방하지 않은 점이다. 또한 제3조에서는 아이티에서 '노예는 존재할 수 없다'며 노예제 폐지를 분명히 밝혔다. 그리고 스스로를 종신 총독으로 규정했다.

한편, 나폴레옹은 1802년 5월 법령을 통해 식민지에서의 노예제 재건을 천명하고 노예무역 정상화를 시도했다. 하마 다다오는 '나폴레옹의 식민지·흑인 노예제 정책의 공통점은 적나라한 인종 차별 주의'라고 말했다. 이는 나폴레옹이 허가장이 없는 흑인과 유색 자유인의 프랑스 입국을 막고 백인과 흑인 간의 결혼을 금지한 것에서도 나타난다. 아이티를 둘러싼 투생과 나폴레옹의 생각은 정면으로 대립한다.

나폴레옹은 앞서 언급한 법령 제정 이전부터 움직이고 있었다. 1801년 10월 여동생 폴린의 남편 르클레르Charles Leclerc 장군에게 아이티 파견을 명했다. 당시 파견군의 배에는 투생의 두 아들 이삭과 플라시드가 타고 있었다. 그들은 1796년부터 사실상 인질로 프랑스에 머물고 있었다. 1802년 1월 말에서 2월 초에 걸쳐 파견군의 제1진이 아이티 북부 레 카프에 도착했다. 같은 해 6월 프랑스의 장군 브루넷Jean-Baptiste Brunet은 투생에게 사령부로 와달라는 내용의 정중한 편지를 보냈다. 하지만 이것은 비열한 책략이었다. 무방비 상태로 나타난 투생은 그대로 붙잡혀 프랑스로 보내졌다. 그는 주Joux 요새에 수감되어 1803년 4월 7일 옥사했다.

아이티에 노예제를 부활시키려 했던 나폴레옹의 계획은 투생

의 뒤를 이어 반군의 지도자가 된 장 자크 데살린Jean-Jacques Des-
salines에 의해 좌절되었다. 1803년 11월 아이티 혁명군은 프랑스
군이 점령한 지역을 잇달아 탈환하고 11월 29일에는 데살린 등의
혁명군 지도자들이 서명한 '생 도맹그 흑인 독립 선언서'가 공포되
었다. 12월 초 항복을 선언한 프랑스군이 아이티에서 철수하면서
독립 전쟁은 종결되었다.

  이듬해인 1804년 1월 1일, 고나이브에 집결한 혁명군의 지도자
는 '프랑스 식민지로부터의 공식적인 독립'을 선언했다. 이로써 사
상 최초의 흑인 공화국 아이티가 탄생했다.

5. 영국의 노예무역 폐지

폐지론자들의 재결집

  아이티 혁명이 라틴아메리카의 독립 운동과 노예 해방 운동에
강한 영향을 미치고 고무한 것은 분명하다. 아메리카합중국의 노
예제 폐지론자들은 아이티 혁명에 공명해 '생 도맹그의 흑인을 따
라하자'를 구호로 내걸었다고 한다. 아이티는 그야말로 '노예 해
방의 상징'이 되었다. 하지만 한편으로 라틴아메리카의 독립 운동
을 이끈 프란시스코 데 미란다Francisco de Miranda나 시몬 볼리바르
Simón Bolívar는 유혈과 범죄의 무대가 된 '아이티의 전철'을 밟지 않

도록 흑인과 유색 자유인의 참여를 최대한 피했다.

아이티 공화국이 탄생한 무렵, 영국에서도 노예무역 폐지운동의 긴 겨울이 지나고 다시 따뜻한 봄 햇살이 비추기 시작했다. 1804년 5월 23일 구 런던 위원회 회원들이 다시 모여 폐지운동을 재정비했다. 사실상 위원회 해산 이후에도 의회에서 고군분투했던 윌버포스, 건강상의 문제로 시골에서 요양하던 클라크슨을 비롯해 윌리엄 샤프, 조지 해리슨George Harrison 등의 구 회원들이 돌아와 업무를 재개하고 제임스 스티븐James Stephen, 재커리 매콜리Zachary Macaulay, 헨리 손턴Henry Thornton 등이 새롭게 참여했다.

노예무역 폐지 활동의 중심은 의회를 상대로 한 로비 활동이었다. 즉, 상하원 의원들을 끈질기게 설득해 노예무역 폐지파 쪽에 서도록 만드는 것이었다. 윌버포스는 같은 해 5월 30일 하원에 노예무역 폐지 법안 제의에 대한 허가를 신청하고 124대 49로 가결되었다. 또 제2독회, 제3독회(독회란 의안 심의 단계를 말한다)를 통과함으로써 반대 세력이 줄었다는 사실이 분명해졌다. 하지만 상원에서 혹스베리Charles Jenkinson 경의 수정 동의에 의해 심의는 이듬해로 연기되었다.

이듬해인 1805년 2월 윌버포스는 다시 한 번 같은 동의를 제출했지만 제2독회에서 심의를 반 년 연기하는 수정 동의가 제출되어 77대 70으로 가결되었다. 윌버포스를 비롯한 위원회로서는 예상 밖의 침통한 결과가 아닐 수 없었다. 폐지파 의원들이 안심한 틈을 타 서인도파 의원들이 반격을 꾀한 것이었다.

이 일을 반면교사로 삼은 윌버포스와 위원회는 궤도를 수정해 영국이 새롭게 획득한 구 네덜란드령 기아나로의 노예 수출을 금지하는 법안을 제출했다. 당시 영국 국내의 설탕 공급은 이미 과잉된 상태였으며 재수출 시장에서도 브라질, 쿠바, 동인도산 설탕이 경합을 벌이는 등 전반적인 공급 과잉 상황이었다. 따라서 기아나로의 노예 수출은 설탕의 과잉 생산을 더욱 부추겨 국민적 이익에 반하는 결과를 초래할 것이라고 주장한 것이다. 결국 1805년 8월 15일 구 네덜란드령 기아나로의 노예 수출은 금지되었다. 노예무역 폐지파로서는 부분적인 승리를 의미했다.

　1806년 1월 피트의 뒤를 이어 수상이 된 윌리엄 그렌빌William Wyndham Grenville은 윌버포스와 자주 접촉했다. 같은 해 3월 31일 아서 피고트Arthur Leary Piggott 의원은 하원에 영국 상인이 외국 식민지에 노예를 수출하는 것을 금지하는 법안을 제출했다. 이 법안으로 아프리카로의 수출이 감소하면 영국의 산업과 무역이 피해를 입을 것이라거나 다른 나라의 상인이 영국의 빈자리를 차지할 뿐이라는 기존의 반론이 나오는 한편 서인도 상인들이 이득을 볼 것이라는 의견도 있었다. 처음부터 끝까지 영국의 정치경제적 이해로 점철된 논의였다.

　결국 이 법안은 1806년 5월 1일 하원을 통과해 5월 16일 상원에서도 가결되었다. 이로써 영국의 노예 상인들이 실어 나른 노예가 절반 이상 감소했을 것으로 추정된다.

최종 국면

　영국의 노예무역 전면 금지가 실현되는 것도 머지않아 보였다. 1806년 9월 그렌빌은 총선에 출마했다. 선거 결과, 노예무역 폐지 반대 세력이 다소 줄기는 했지만 완전히 사라진 것은 아니었다. 이듬해인 1807년 1월 반대파들은 상원에 청원 활동을 시도했다. 이 운동에는 리버풀의 노예 상인, 시의회 의원, 항만 이사와 함께 자메이카와 트리니다드의 농장주, 상인 등이 참여해 최후의 방파제를 구축하고자 했다.

　그렌빌은 같은 해 1월 2일 상원에 노예무역 전면 폐지 법안을 제출했지만 실제 논의가 시작된 것은 2월 5일이었다. 이날 그렌빌은 장장 3시간에 걸친 연설을 했다. 그는 이 연설 중 네 가지 '정의'를 역설했다. 첫 번째는 귀족 의원으로서의 권리를 노예무역 폐지를 위해 행사하는 정의에 대해 말했다. 두 번째로 그는 이 정의가 결코 식민지 농장주들의 이익을 저해하지 않는다는 것을 강조했다. 세 번째는 아프리카의 원주민들에게도 당연히 배려 받아야 할 정의가 존재한다는 것, 마지막으로 이런 정의의 행사가 다른 나라의 경쟁 상대에 의해 위협받아서는 안 된다고 주장했다. 그의 연설은 큰 박수를 이끌어냈으며 법안은 위임장을 포함해 100대 34로 상원을 통과했다.

　2월 10일 법안은 하원에 상정되었으나 의장의 분위기는 이미 노예무역 폐지로 기울어 있었다. 윌버포스가 자리에 앉자 많은 의원들의 박수갈채가 쏟아졌던 것이다. 대다수 의원들이 정의와 인도주의에 따라 노예무역을 폐지해야 한다고 여겼다. 결과는 283대 16, 예상을 훨씬 뛰어넘는 대승리였다. 벌칙 규정을 추가해 왕실의 동의를 얻은 것이 3월 25일이었다. 마침내 1807년 5월 1일 이후 영국의 모든 항구에서는 노예선의 출항을 금지했으며 1808년 3월 1일 이후로는 식민지에 노예를 내릴 수 없게 되었다.

런던 위원회 결성으로부터 20년이 흐른 뒤에야 비로소 목적을 달성할 수 있었다.

6. 재영 흑인과 시에라리온 식민지

노예무역 폐지와 식민지 확대

영국의 노예무역 폐지 결정은 역설적으로 식민지 확대라는 어두운 측면을 동반했다는 점을 강조하고 싶다. 서아프리카의 서남부 시에라리온에 노예무역 폐지운동과 병행해, 오히려 더 깊이 연관된 식민지가 형성되었다. 결론부터 말하면, 재영 흑인 등의 입식 지역이 서서히 확대된 것이다.

또 뒤에서 이야기하겠지만, 자국의 노예무역 폐지 이후 영국은 타국에 외교적·군사적 압력을 가해 노예무역 폐지 조약을 체결했다. 이런 정치 상황을 배경으로 영국 해군은 타국의 노예선을 나포해 시에라리온으로 연행한 후 배에 실려 있던 노예들을 풀어줬다. 풀려난 노예들은 대부분 시에라리온에 정착했다.

1783년 아메리카 독립 전쟁이 종결되었을 때, 최소 1만4,000명의 흑인이 충성파로 불리며 영국군과 행동을 함께 했다고 한다. 전쟁이 발발한 1775년 11월 버지니아의 총독 던모어John Murray 경이 영국군으로 참가하는 노예에게 자유를 약속한 '던모어 선언'을 발표한 일은 유명하다. 또 1778년 후반 영국군이 아메리카 남부에서 평정 작전을 전개할 당시 수만 명 규모의 도망 노예들이 발생했다. 영국군은 그들을 포로로 간주해 다양한 노동에 동원했다. 흑인 노예들은 자유를 얻기 위해 목숨을 걸고 군에 투신한 것이다.

전쟁이 끝나고 영국군이 후퇴할 때 일부 흑인들은 서배너, 찰스턴, 뉴욕 등에서 영국으로 건너갔다. 그 밖에도 영국령 캐나다의 노바스코샤로 간 흑인들도 수천 명에 달했다고 한다. 1784년경부터 런던에는 흑인들이 눈에 띄게 늘어났다. 새로 이주한 재영 흑인이 형성된 것이다. 그들은 대부분 직업이 없는 빈곤층이었다.

이런 상황에 대처하기 위해 1786년 초 '흑인 빈민 구제 위원회'가 조직되어 자선활동을 전개하기 시작했다. 같은 해 9월 말 당시 지원 대상자는 1,000명에 달했다. 이 위원회는 반관반민半官半民의 비영리 조직으로 민간의 기부도 있었지만 대부분 정부가 비용을 부담했다. 10월에 활동을 중지하기까지 들어간 비용은 2만 파운드에 이르렀다고 한다.

시에라리온으로의 흑인 이송

구제 활동과 나란히 재영 흑인을 시에라리온에 입식하는 계획이 부상했다. 이 계획을 입안한 것은 1770년대 초 시에라리온과 그 주변 지역을 탐험하며 식물 표본을 수집한 경험이 있던 헨리 스미스만Henry Smeathman이라는 아마추어 생물학자이다. 스미스만은 서아프리카에서 노예 노동이 아닌 자유노동에 기반을 둔 농업 플랜테이션을 창설할 구상을 가지고 있었다. 그것은 흑인과 백인이 평등한 민주주의적·자유주의적 원칙을 바탕으로 한 자유공동체이기도 했다. 그의 이런 구상이 재영 흑인 문제와 결합한 것이다.

스미스만의 구상은 런던 폐지론자들의 관심을 불러 모았다. 그 중에서도 가장 적극적인 지지를 표명한 것은 샤프였다. 그는 앞서 살펴본 서머싯 사건 판결에도 깊이 관여한 바 있다. 그는 스미스만의 계획이 재영 흑인들의 이상적인 사회를 구축하기 위한 미래상을 제시했다고 여겼다. 기독교를 통해 '문명화'한 흑인들이 생산적 삶을 살아가게 될 것이라고 생각한 것이다.

흑인 빈민 구제 위원회는 이 구상을 적극적으로 수용했다. 위원회는 시에라리온만큼 흑인들이 살기 좋은 지역은 없다고 선전하며 이 계획에 참가하는 흑인 입식자에게는 1인당 14파운드를 지급한다는 유인책까지 마련했다. 하지만 당시 흑인들은 이런 제안을 곧이곧대로 받아들일 수 없었다. 제1장에서도 이야기했듯이, 시에라리온은 노예무역 활동의 거점 중 하나였기 때문이다.

이렇게 회의를 품는 흑인이 있는 한편, 위험을 무릅쓰고 시에라

그림 3-11 시에라리온 식민지(1790년경의 판화. 대영도서관)

리온 입식에 자신의 장래를 거는 흑인들도 있었다. 구제 위원회는 입식 희망자를 늘리기 위해 매일 지원을 받는 대신 반강제로 입식 계약에 서명하게 했다. 그리고 이 계획에 큰 관심을 보인 인물이 앞서 이야기한 에퀴아노이다. 구제 위원회는 그에게 이 사업의 감독을 맡아줄 것을 요청했다. 그때 그는 위원회에 현지에서의 인신 매매 방지 대책을 강구해야 한다고 진언했다. 정부는 1786년 11월 에퀴아노를 집행 대리인으로 임명했다.

계획을 실행에 옮길 때가 다가왔다. 입식 계획에 동의한 흑인들은 노예 상인의 먹잇감이 되지 않도록 영국 신민임을 나타내는 증명서와 무기를 요구했다. 또한 경찰관, 주둔군, 대장간, 텐트, 식량, 차, 설탕 등도 함께 요구했다. 이 계획은 해외에서 한몫 잡아 보려는 일부 백인들에게도 매력적으로 비쳐졌다. 그리하여 흑인, 백인을 포함해 약 700명의 입식 희망자가 서명했다.

하지만 그 후에도 이 계획에 의심을 품는 사람이 속출했다. 에퀴아노도 그중 한 사람이었다. 그는 배에 물품이 실릴 당시 의장 업자의 부정을 발견해 고발했지만 오히려 자신이 집행 대리인에서 해임되고 만다. 1787년 2월 포츠머스 항을 출항했을 때 3척의 배에 탄 입식자는 456명뿐이었다. 그중 100여 명이 백인 입식 희망자였다. 출항 후 얼마 지나지 않아 거센 풍랑을 만나면서 뿔뿔이 흩어진 선단은 급거 플리머스 항에 정박해 진용을 재정비했다. 4월에 다시 플리머스 항을 출항했을 때 입식 희망자는 411명으로 줄어든 상태였다.

1787년 5월 입식자들을 실은 선단이 시에라리온에 도착했다. 항해 도중 34명이 사망하면서 입식자는 377명으로 줄었다. 일행의 단장을 맡은 톰슨 선장은 현지의 템네족 수장으로부터 20평방 마일의 땅을 구입했다. 이 최초의 입식지는 그랜빌 샤프의 이름을 따 그랜빌 타운이라고 명명했다.

불행히도 집을 짓기 전에 우기가 시작되었다. 긴 항해에 지칠 대로 지친 입식자들은 잇달아 병에 걸려 쓰러졌다. 같은 해 9월까지 86명이 목숨을 잃고 15명이 입식지를 떠났다. 이듬해인 1788년 초 입식자 수는 130명까지 감소했다고 한다. 그 해 8월 샤프의 주도로 영국에서 물자를 보내왔지만 입식자들을 파멸로부터 구해내지는 못했다. 입식 4년 후 남아 있는 인원은 고작 60명뿐이었다고 한다.

노바스코샤의 흑인과 자메이카의 마룬

그럼에도 불구하고, 시에라리온은 자유인들의 입식지로서는 이상적인 장소였다. 1790년 샤프, 윌버포스, 손턴 등은 아프리카에서의 합법적인 무역을 수행하기 위한 조직, 세인트조지 만 협회St. George's Bay Association를 결성했다. 그리고 이듬해 6월에는 영국 정부로부터 특허장을 받아 시에라리온 회사Sierra Leone Company를 창설했다. 13명의 이사진으로 구성된 이 회사는 출자금만 2만 파운드가 넘었다. 초대 회장으로는 은행가 출신의 손턴이 취임했다. 회사 경영의 목적은 시에라리온에 기독교와 유럽 문명을 침투시킴으로써 노예무역을 제압하고 합법적인 무역을 추진하는 것이었다.

이 회사의 이사진들은 후에 클래펌파라고 불리게 된 국교회 복음주의파였다. 클래펌은 손턴 가가 있던 런던 남부의 지역명이다. 역사적으로는 앞서 살펴본 테스톤 모임 회원 중 일부가 이 손턴 가에 모였다고 한다. 윌버포스를 비롯해 그의 지인 찰스 그랜트 Charles Grant, 제임스 스티븐, 재커리 매콜리, 이 지역 목사였던 존 벤John Venn 등이다. 하나같이 폐지운동에 중요한 역할을 한 인물들이다.

같은 시기, 노바스코샤에서 영국으로 건너온 토머스 피터스 Thomas Peters라는 흑인 충성파가 있었다. 앞서 언급했듯 노바스코샤는 아메리카 독립 전쟁에서 영국 측에 선 일부 흑인들이 도피한 지역으로 흑인 충성파들이 땅을 제공받기로 한 곳이기도 했다. 하지만 그 약속이 파기되자 피터스는 영국 정부에 보상을 요구하기 위해 1791년 런던에 왔다.

샤프, 손턴 등을 만나 시에라리온 입식에 대해 들은 피터스는 노바스코샤에 이 소식을 전한다. 그리고 1792년 1월 입식 계획에 관심을 보인 흑인 1,131명이 16척의 배를 타고 3월 시에라리온에 도착했다. 항해 도중 65명이 사망했다. 선단을 지휘한 것은 시에라리온의 총독으로 임명된 토머스 클라크슨의 동생 존 클라크슨John Clarkson이었다.

하지만 현지에서는 이렇게 많은 입식자에 대응할 준비가 되어 있지 않았다. 그랜빌 타운에 새로운 도시 '프리타운'을 건설하려고 했으나 더 큰 문제는 식량 부족이었다. 시에라리온 회사는 식량을 실은 요크호를 파견했지만 불의의 사고로 현지에 도착하지 못했다. 6월의 우기가 시작되자 입식자 700명 이상이 열병에 걸렸다고 한다. 그래도 노바스코샤의 입식자들은 프리타운을 떠나지 않고 어떻게든 위기를 극복하고자 했다. 1796년경에는 300~400채의 집이 들어섰다고 한다. 하지만 식민지가 제도화·안정화하기까지는 더 많은 시간이 필요했다.

다음으로 시에라리온에 도착한 것은 자메이카의 마룬 출신 흑인들이었다. 마룬은 카리브 해 제도 및 남북아메리카의 플랜테이션에서 도망친 노예 혹은 그들의 공동체를 말한다. 1730년대 자메이카 동부에서 윈드워드 마룬Windward Maroons, 서부에서는 리워드 마룬Leeward Maroons이 형성되었으며 10여 곳 정도의 마을에 1,000명 이상이 자급자족하며 생활했다고 한다.

그림 3-12 매복하고 있는 마룬(1801년경의 판화. 대영도서관).
제2차 마룬 전쟁에서의 트렐로니 마룬을 그린 것으로 추정된다.

1730~1739년 마룬과 식민지 정부 사이에 제1차 마룬 전쟁이 일
어났다. 일종의 게릴라 전쟁이었다. 자세한 경위는 생략하고 간
단히 설명하면 전쟁이 끝나고 평화협정이 체결되면서 마룬의 자
치권을 인정하고 토지를 부여하는 대신 외국으로부터의 침략이나
노예 반란이 일어날 경우 식민지 정부와 공동으로 방위하고 도망
노예가 마룬 지역으로 달아난 경우에는 즉각 송환하기로 약속했
다.

1795년 제2차 마룬 전쟁이 일어났다. 마룬의 흑인 두 명이 절도
죄로 공개 채찍형에 처해진 것이 계기가 되어 약 700명의 세력을
가진 서부의 트렐로니 마룬Trelawny Maroons이 결기한 것이다. 게릴
라전을 전개한 마룬을 상대로 식민지군은 쿠바에서 데려온 전투
용 맹견을 투입해 반란을 진압했다고 한다. 약 600명의 마룬이 투
항하고 그중 500명 이상이 노바스코샤로 추방당했다. 그들은 노

바스코샤의 추위를 견디지 못하고 스스로 시에라리온으로 보내달라고 요청했다. 그렇게 그들은 1799년 시에라리온으로 보내졌다.

아프리카 협회의 결성과 외교·군사적 압력

1807년 영국에서 노예무역이 폐지된 이후 폐지론자들의 다음 과제는 아프리카인들에게 유용한 지식을 전달하고 농업과 다양한 산업을 도입해 합법적인 무역을 추진하는 것 그리고 노예무역을 계속하는 나라들을 압박해 노예무역을 폐지하도록 하는 일이었다. 덴마크는 1802년, 아메리카합중국은 1808년에 노예무역을 폐지했다. 라틴아메리카에서는 1811년에 베네수엘라와 칠레가, 아르헨티나는 그 이듬해에 노예무역을 폐지했다. 스웨덴에서는 1813년 폐지되었다.

이들 나라와 지역은 애초에 노예무역의 중심이 아니었기 때문에 폐지에 대한 저항이 크지 않았다. 한편 포르투갈(브라질), 프랑스, 네덜란드, 스페인은 영국의 폐지 이후에도 왕성한 노예무역 활동을 전개했다.

아프리카 협회는 1807년 4월 14일 아프리카와의 합법적인 무역 촉진 및 타국의 노예무역 폐지를 목표로 결성된 조직이다. 회원은 샤프, 윌버포스, 클라크슨, 손턴, 찰스 그랜트 등 시에라리온 회사의 이사진들을 중심으로 구성되었다. 재커리 매콜리가 사무국장으로, 글로스터Duke of Gloucester 경이 명예 총재로 취임했다. 하원

의원이 참여함으로써 정부와도 긴밀한 관계를 유지했다.

노예무역 폐지를 압박하는 영국의 외교 정책으로 1814년 네덜란드가 가장 먼저 폐지에 동의했다. 이듬해인 1815년에는 프랑스가 폐지하였고, 포르투갈도 적도 이북의 노예무역을 폐지했다. 1817년에는 스페인도 적도 이북에서의 노예무역을 폐지하고 1820년에는 적도 이남에 대해서도 비합법으로 규정했다. 1822년 포르투갈로부터 독립한 브라질이 노예무역을 폐지한 것은 1830년의 일이었다. 모두 영국과의 양국 간 협정에 의해 실현된 성과였다.

하지만 공식 협정에 의한 노예무역 폐지가 즉각적인 폐지를 의미하는 것은 아니었다. 19세기 대량의 노예를 수입한 나라는 브라질과 쿠바 그리고 이들 나라보다 규모가 작은 푸에르토리코였다. 브라질은 1830년대부터 '커피의 시대'를 맞았으며, 쿠바는 새로운 기술을 도입한 대규모 설탕 플랜테이션의 전성기를 맞아 비합법 노예무역이 활발히 이루어졌다.

이런 비합법 노예무역을 단속하는 데 실효적 역할을 한 것이 영국 해군이다. 아프리카 연안을 거점으로 비합법 노예무역을 감시하고 노예선으로 의심되는 배를 나포해 주로 시에라리온의 프리타운으로 연행했다. 여기서 영국과 당사국의 판사에 의한 합동 법정이 열리고 노예선으로 확정되면 배에 실려 있던 노예들은 모두 풀려났다.

표 10은 1834년 프리타운의 합동 법정에서 판결을 받은 노예선 10척에 대해 정리한 자료이다. 우선, 합동 법정은 영국과 스페인

표 10 프리타운의 합동 법정에서 재판을 받은 노예선(1834년)

선박명	합동 법정명	나포 일시	나포 장소	프리타운에 도착하기 까지의 일수	나포 노예수	판결을 받은 노예 수	비고
벤가도르	스페인	1월 8일	칼라바르 근해	36	405	376	377명 상륙, 그중 1명이 판결 전 사망
캐롤라이나	스페인	2월 16일	라고스 근해	25	350	323	
라 판티카	스페인	4월 27일	칼라바르 근해	29	317	269	274명 상륙, 그중 5명이 판결 전 사망
마리아· 이사벨	스페인	8월 5일		26	146	130	134명 상륙, 그중 4명이 판결 전 사망
아로간테 마야케사나	스페인	9월 17일	몬로비아 남쪽 약 900km	3	336	288	309명 상륙, 그중 21명이 판결 전 사망
페피타	스페인	6월 30일	카메룬 강	36	179	153	
인다가도라	스페인	10월 31일	아크라 남쪽 약 650km	13	375	361	
엘 클레멘테	스페인	11월 3일	라고스 남쪽 약 600km	16	415	401	403명 상륙, 그중 2명이 판결 전 사망
마리아 다 글로리아	포르투갈	1833년 11월 25일	리우데자네 이루 근해	97	423		주)
타메가	포르투갈	6월 14일	라고스 근해	20	442	434	436명 상륙, 그중 2명이 판결 전 사망

출전) "Returns of Vessels brought before the Courts of Mixed Commission 1830-4", *British Parliamentary Papers: Slave Trade*, vol. 89, pp. 9-21.
주) 423명 중 10명이 리우에서 납치되었으며, 78명이 시에라리온으로 향하는 도중 사망, 26명이 판결 전 사망, 나머지 309명은 배와 함께 선장에게 인도되었다. 선장은 64명의 병사를 영국 정부에 인도하고 나머지 245명을 데려갔다. 이 건은 비합법적인 나포로 판단해 반환된 예이다.

그리고 영국과 포르투갈의 재판에 한정된다. 이것은 당시 노예 수출지가 스페인령 쿠바와 브라질에 집중되었다는 것을 말해준다. 브라질은 이미 포르투갈로부터 독립했지만 브라질행 노예선 대부분이 포르투갈 국기를 내걸고 있었기 때문에 영국·포르투갈의 합동 법정에서 재판을 받았다. 나포 장소는 서아프리카 연안에 집중

그림 3-13 영국 해군의 노예선 단속

(위) 브라질 노예선 안도리냐(Andorinha)호를 추적하는 래틀러(Rattler)호(『일러스트레이티드 런던 뉴스(The Illustrated London News)』 1849년 12월 29일호).
이 노예선은 '스쿠너'라고 불리는 아미스타드호와 같은 형태의 배로 아메리카합중국에서 건조되었다고 한다.
(아래) 펄(Pearl)호에 나포된 포르투갈의 노예선 딜리젠테(Diligenté)호(1838년. 스미소니언 국립 아프리칸·아메리칸 역사 문화박물관). 펄호의 사관 H. S. 호커(Henry Samuel Hawker)가 그린 것으로 갑판 위에 다수의 노예가 보인다.

되며 간혹 브라질 연안이나 표 10에는 없지만 카리브 해에서 나포되기도 했다.

1819~1845년에 재판을 받은 노예선은 총 623척에 달하며 그중 528척이 프리타운으로 연행되었다(약 85%). 그 밖에는 하바나로 연행된 선박이 50척(약 8%), 리우데자네이루가 44척(약 7%) 등이다.

이렇게 시에라리온은 다양한 경로를 가진 흑인들의 송환지가 되었다. 그리고 1808년에는 영국의 직할 식민지가 되었다.

시에라리온에서 해방된 아프리카인은 1814년까지 약 6,500명에 이르며 그중 약 3,500명이 시에라리온에 정착하고 약 2,000명은 영국 해군에 입대했다. 나머지는 고향으로 돌아가거나 사망하거나 혹은 또다시 노예무역의 희생양이 된 사람도 있었다고 한다. 1814년까지 해방된 아프리카인이 식민지 인구 전체의 3/5 이상을 점했다. 재영 흑인, 노바스코샤에서 온 흑인, 자메이카 마룬 출신의 흑인이 소수파가 된 것이다.

7. 노예무역의 종언

브라질의 커피 플랜테이션

이처럼 19세기 초부터 각국이 노예무역 폐지를 선언했지만 노예무역이 바로 사라진 것은 아니었다. 같은 세기 브라질과 쿠바를 중심으로 여전히 노예무역이 이루어지고 있었다. 영국 해군이 서아프리카 연안과 그 밖의 지역에서 감시의 눈길을 번득이고 있었지만 나포한 노예선은 빙산의 일각이었다. 1811~1867년 상륙한 노예 수는 264만 명에 달했으며 그중 브라질이 170만 명이었다.

브라질의 역사를 거슬러 올라가면, 16세기 후반부터 17세기에는 북동부의 바이아와 페르남부쿠를 중심으로 설탕 생산이 크게 번성하고 18세기에는 남동부 북쪽의 미나스제라이스에서 금 생산이 급부상했다. 그리고 19세기가 되면 남동부의 리우데자네이루와 상파울루의 커피 생산이 중심 산업이 되었다. 모두 노예 노동이 필수 조건이었다.

커피는 18세기에 이미 브라질 각지에서 생산되었지만 어디까지나 국내 시장용이었다. 세계 시장을 대상으로 생산하게 된 것은 19세기에 들어서면서부터였다. 여기에는 아이티 혁명의 영향이 컸다. 혁명의 여파로 아이티의 커피 생산량이 크게 감소하는 한편, 같은 시기 아메리카합중국과 유럽의 커피 수요는 급격히 높아진 것이다. 1831년 브라질의 커피 수출이 총 수출액 중 1위를 차지하게 되었다. 아이티의 전성기(1791년) 생산량을 웃도는 수준이었다. 1850년대가 되자 브라질의 커피 생산량은 전 세계 생산량의 50%를 넘어섰다.

영국의 노예무역 진압 정책

1822년 브라질이 포르투갈로부터 독립한 이후, 영국은 계속해서 브라질에 외교적 압력을 가했다. 1826년 양국은 영국·브라질 조약을 체결하고 비준 절차를 거친 3년 후 브라질의 노예무역을 전면적으로 금지하기로 결정했다. 그리하여 1830년 브라질의 노예무역은 전면적으로 비합법화되었다.

하지만 앞서 언급했듯 당시는 브라질의 커피 산업이 급격히 확대되는 시기로 노예 수요도 천정부지로 치솟았다. 그럼에도 1831년 페드루 1세가 퇴위한 후 들어선 자유주의 정부는 브라질에 수입된 모든 노예를 해방한다는 법령을 제정했다. 그 결과, 1830년대 전반 브라질의 노예 수입은 크게 줄었다.

그러나 1830년대 후반 대지주를 정치적 기반으로 한 보수파가 대두해 영국·브라질 조약을 철회하면서 밀무역이 횡행했다. 당시 브라질의 노예 가격은 3배 이상 급등했다. 한편, 아프리카 연안에서는 각국의 노예무역 폐지의 영향으로 노예 가격이 하락한 상황이었기 때문에 이윤을 노리고 노예무역에 참가하는 모험적 상인이 늘어났다. 그중 한 사람이 베르나르디노 데 사Bernardino de Sa였다.

포르투갈에서 태어난 그는 리우데자네이루에서 소매점을 운영하다 노예무역에 뛰어들었다. 1830년대 중반에는 자신의 노예선을 소유하고 적도 이남의 아프리카 연안에 무역 거점을 개설해 영국산 면직물과 노예를 교환했다. 그는 영국 해군의 나포를 피하기 위해 포르투갈 국기를 걸고 항해했다고 한다. 노예무역으로 큰돈을 번 그는 리우데자네이루에서 자산가이자 정치적 영향력이 큰 인물로 유명세를 타게 되었다. 게다가 포르투갈의 마리아 다 글로리아 여왕으로부터 남작 작위를 받으면서 명실공히 브라질의 명사 반열에 올랐다.

나포를 피하기 위해 타국의 국기를 거는 것은 드문 일이 아니었다. 아메리카합중국의 성조기를 거는 경우도 많았다. 특히 1839년 영국 해군에 포르투갈의 노예선을 나포할 수 있는 권한을 부여한 '파머스턴 법'이 영국 의회에서 가결된 이후 볼티모어에서 건조된 노예선이 브라질로 수출되었다. 배에는 성조기가 걸려 있었다. 이 노예선은 '바람을 타고 날 듯이 달리는' 쾌속 범선이었다.

한편, 1840년대 36척 이상의 선박에 해군 병사 4,000여 명을 태운 영국 해군 함대의 배는 크기도 작고 오래되었기 때문에 이렇게 빠른 신형 노예선을 나포하는 데 곤란을 겪었다. 그럼에도 한 추산에 따르면, 1808~1867년 영국 해군은 대서양상에서 총 16만 명가량의 노예를 실은 1,600척 이상의 노예선을 나포했다고 한다.

1840년대 후반, 브라질의 노예 수입은 최종 국면을 맞고 있었다. 1845년 영국 의회에서 '애버딘 법'이 가결되면서 영국 해군이 어디에서든 브라질의 노예선을 나포할 수 있다는 것이 재확인되었다. 영국 해군은 브라질의 영해 내로 들어가 비합법 노예선을 나포했다. 브라질 정부도 1850년 '퀘이로스 법'을 제정해 노예무역 활동을 해적 행위로 규정하고 리우데자네이루와 그 밖의 노예무역항의 하역장 및 사무소를 강제 폐쇄했다. 이로써 약 300년에 걸친 브라질의 노예무역에 마침표를 찍게 되었다.

아미스타드호 사건

다음 무대는 쿠바와 아메리카합중국이다. 19세기 브라질 다음으로 많은 노예를 수입한 지역은 18세기 말부터 설탕 산업이 빠르게 확대된 스페인령 쿠바였다.

1792년 쿠바의 제당 공장은 473곳, 설탕 생산량은 1만4,600톤이었으나 1802년이 되자 공장 수가 870곳, 생산량은 4만800톤으로 늘고 1859년에는 공장 수가 2,000곳, 생산량은 53만6,000톤으로 급증했다. 설탕 생산량만 보면, 1792년에 비해 1859년에는 36.7배나 증가했다. 1859년 사탕수수를 원료로 하는 전 세계 설탕 생산량 중 약 30%를 차지하며 1위로 올라섰다. 1792년 6만4,600명이었던 노예 인구도 1858년에는 36만4,300명으로 5배 이상 증가했다.

이런 급격한 확대 역시 브라질의 커피 산업과 마찬가지로 아이티 혁명의 영향이 컸다. 18세기 후반 세계 최대의 설탕 생산지였던 아이티에서 대규모 노예 반란이 일어나면서 설탕 산업이 붕괴하자 쿠바가 대두한 것이다. 아이티의 자본과 기술이 직접 쿠바로 이전된 이유도 있다.

그리고 노예무역이 이런 급격한 성장을 떠받쳤다. 제1장에서도 이야기했듯이, 당초 스페인령 아메리카는 아시엔토 제도로 인해 외국의 노예무역 활동에 의존해왔다. 하지만 1762년 이후 아시엔토가 폐지되고 노예무역이 자유화 시대를 맞게 되면서 스페인도 뒤늦게 노예무역에 뛰어들었다. 그런데 19세기 초 영국이 노예무역을 폐지하고 타국의 노예무역을 저지하기 위해 외교·군사적 압력을 강화했다. 스페인의 노예무역 활동도 그 대상에 포함되었다.

이런 역사적 배경을 바탕으로 아미스타드La Amistad호 사건이 일어났다. 이 사건은 1997년 개봉된 스티븐 스필버그 감독의 영화

그림 3-14 신케(1839년경의 판화. 미 의회 도서관)

《아미스타드》로 일약 유명해졌다. 여기서는 역사적 사실을 근거
로 이 사건에 대해 살펴보기로 하자.

　주인공은 신케Joseph Cinque라는 이름의 흑인 청년이다(그림 3-
14). 그는 시에라리온의 멘데족 출신으로 아내와 세 명의 자녀를
둔 가장이었다. 1839년 당시 25세였던 그는 불법으로 납치된 후
포르투갈의 테코라Tecora호라는 노예선에 타게 되었다. 노예선은
영국 해군의 감시의 눈을 피해 같은 해 6월 쿠바 북서쪽 하바나 부
근의 항구도시에 도착했다. 얼마 후 신케는 다른 남성 48명, 소녀
3명, 소년 1명과 함께 호세 루이즈José Ruiz와 페드로 몬테즈Pedro
Montez라는 스페인 노예 상인에게 팔렸다. 53명의 노예는 동부 푸
에르토 프린시페로 이송될 예정이었다.

　그들을 태운 배가 아이러니하게도 스페인어로 '우정amistad'을
뜻하는 아미스타드호였다. 이 배에는 선장, 선원 2명, 사환, 요리
사 그리고 그의 노예 2명까지 총 7명이 타고 있었다. 물론, 노예 상

인 루이즈와 몬테즈도 배에 승선했다. 1839년 6월 28일 아미스타드호는 푸에르토 프린시페를 향해 출항했다.

노예들은 낮에는 쇠사슬에 묶여 있었기 때문에 자유롭게 움직일 수 없었다고 한다. 보통 목적지까지 3일 정도면 도착하는데 바람이 불지 않아 배의 운항이 더뎌졌다. 그동안 노예들은 신케를 중심으로 반란을 계획했다. 49명의 남성 노예 대부분이 멘데족 출신이었다.

6월 30일 밤, 노예들은 평소처럼 족쇄를 차고 있었다. 신케는 미리 준비한 못으로 족쇄를 풀고 다른 노예들의 족쇄도 풀어주었다. 무기를 찾기 위해 선내를 뒤지던 노예들은 사탕수수를 벨 때 쓰는 큰 칼을 발견했다. 다음날 아침 4시경 반란이 시작되었다. 선장과 요리사는 그 자리에서 죽임을 당하고 선원 2명은 반란이 일어나자마자 보트를 내려 탈출했다. 루이즈와 몬테즈는 항복하지 않을 수 없었다.

신케와 노예들은 아미스타드호를 장악했다. 항해술을 모르는 노예들은 루이즈와 몬테즈를 시켜 고향인 아프리카로 배를 돌리게 했다. 하지만 이 두 스페인인들은 낮에는 아프리카를 향해 운항하다 밤이 되면 몰래 아메리카합중국 연안으로 항로를 변경했다.

신케가 의심을 품었지만 그 사이 물과 식량이 바닥나기 시작했다. 우연히 만난 배의 선장에게 금화를 주고 물과 식량을 구했지만 항해 도중 노예 10명이 목숨을 잃었다. 아미스타드호는 아메리카 동해안에서 수차례 목격되어 신문에 실리기도 했다. 결국 아미스타드호는 게드니Thomas R. Gedney 대위가 지휘하는 아메리카 해군 워싱턴호에 나포되어 8월 하순 코네티컷 주 뉴런던에 도착했다. 이곳에서 아미스타드호는 아메리카 해군의 감시를 받게 된다.

합중국에서의 재판

코네티컷 주의 지방 재판소에서 재판이 시작되었다. 담당 판사 저드슨Andrew Judson은 아미스타드호에서 무슨 일이 일어났었는지를 밝히기 위해 관계자들을 심문했다. 스페인인 루이즈와 몬테즈의 심문은 순조롭게 진행되어 신케를 비롯한 노예들은 살인죄와 해적 행위로 고소되었다.

한편, 신케 등 피고인 측의 변호를 맡은 볼드윈Roger Sherman Baldwin은 멘데어 통역이 없어 애를 먹었다. 얼마 후 코비James Benjamin Covey라는 멘데인을 찾아냈다. 그 역시 어릴 때 납치되어 노예선에 태워졌지만 영국 해군이 노예선을 나포해 시에라리온으로 연행하면서 풀려났다. 그는 시에라리온의 미션 스쿨에서 영어를 배워 영국 선박의 선원이 되었다. 코비의 통역으로 신케를 비롯한 노예들의 증언을 들을 수 있었다.

당시 아미스타드호 사건을 눈여겨 본 합중국 폐지론자들은 아프리카인을 지원하기 위한 조직을 만들었다. 아미스타드호 사건 심문을 방청했던 드와이트 제인Dwight P. Janes이 뜻을 함께하는 동료들과 결성한 아미스타드 위원회The Amistad Committee이다. 이 위원회에는 뉴욕의 노예 해방 신문『해방자The Emancipator』의 편집인 조슈아 레빗Joshua Leavitt, 흑인 교회의 목사 시메온 조슬린Simeon Joceyln, 부유한 실업가 루이스 타펜Lewis Tappan 등이 참여했다. 이 조직이 중심이 되어 통역을 할 코비를 찾아내고 자금을 모아 유능한 변호사를 선임했다. 이 재판에서 승리하면 합중국의 노예 해방 운동이 크게 전진할 것이라고 생각한 것이다.

재판의 쟁점은 복잡하게 얽혀 있었다. 살인과 해적 행위에 대한 재판에서는 형사상의 죄상에 더해 선박과 선적물, 노예들의 소유권에 관한 청구도 함께 제출되었다. 이 재판에는 아메리카와 스페인의 노예무역 정책 그리고 영국의 노예무역 진압 정책이 관련되어 있었다.

저드슨 판사는 이듬해인 1840년 1월 다음과 같은 판결을 내렸다. 아메리카 해군의 게드니 대위는 아미스타드호와 선적물이 팔릴 경우, 그 1/3을 받을 수 있다. 단, 아프리카인들은 포함되지 않는다. 그들은 불법으로 쿠바로 이송되었으며 누구의 소유물도 아닌 인간이기 때문이다. 그들은 자유를 얻기 위해 반란을 일으켰다. 따라서 아프리카로 돌아가야 한다. 판결이 내려지자 아프리카인들, 변호단, 폐지론자들 사이에서는 탄성이 터져 나왔다.

하지만 그 기쁨은 불과 수일도 지나지 않아 사라졌다. 당시의 반 뷰렌Martin Van Buren 대통령이 스페인과의 외교 관계를 배려해 상고를 명했기 때문이다. 무대는 연방 최고 재판소로 옮겨졌다.

이때 존 퀸시 애덤스John Quincy Adams(그림 3-15)가 변호단에 참

그림 3-15 존 퀸시 애덤스(1850년경. 메트로폴리탄 미술관)

가했다. 그는 다양한 정치 경험을 쌓은 정치가이자, 1825년에는 아메리카합중국의 제6대 대통령에 당선된 거물이다. 1841년 2월 최고 재판소의 공판이 시작되었다. 볼드윈은 긴 시간에 걸쳐 신케 등에게 닥친 재난과 그 경위를 설명하고 그들이 합중국 법률을 침해하지 않은 한 정부는 그들을 쿠바로 송환할 수 없다고 강조했다. 다음으로 애덤스가 긴 연설을 했다. 특히, 강조한 것은 반 뷰렌 대통령의 재판 간섭이 사법 제도의 근간을 뒤흔드는 행위라는 점이었다.

같은 해 3월 9일, 최고 재판소는 아프리카인의 자유를 인정하는 판결을 내렸다. 인간은 자유를 위해 싸울 권리가 있으며 달리 방법이 없는 상황에서 저지른 짓을 벌할 수 없다는 것이었다.

이 소식을 들은 아프리카인들은 크게 기뻐했지만 한편으로는 의 구심도 들었을 것이다. 아미스타드 위원회는 판결에 만족했다. 그리고 이 판결에 대해 쓴 책과 팸플릿을 발행해 널리 알렸다. 『해방자』를 비롯한 노예 해방 신문들도 이 판결을 위대한 승리라고 칭송하며 노예 해방운동을 더욱 진전시키고자 했다. 위원회는 자금을 모아 신케 등의 아프리카인 35명을 고향으로 돌려보낼 배를 준비했다. 이 배에는 목사 5명도 함께 탔다. 1841년 11월 출항한 배는 이듬해 1월 시에라리온 항구에 도착했다.

　1866년 쿠바의 노예무역이 폐지되었다. 대서양 노예무역은 노예들의 목숨을 건 저항과 폐지론자들의 노력 그리고 각국의 다양한 정치·경제·외교적 의도가 뒤얽혀 400년이라는 긴 세월이 지난 후에야 종언을 맞았다. 그 사이 노예제 폐지 움직임도 빠르게 진행되었다. 이 책의 마지막 장에서 함께 살펴보기로 하자.

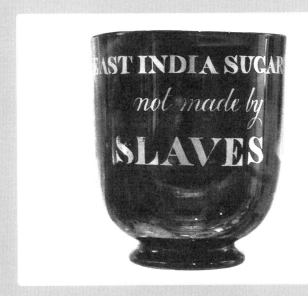

'노예 노동으로 생산되지 않은, 동인도산 설탕.' 반노예제 운동이 활발해진 1820
년대 무렵, 브리스틀에서 만들어진 것으로 보이는 유리제 설탕 그릇. 같은 모양
의 그릇이 도기로도 제작되었다.

제4장
기나긴 여정
—— 노예제 폐지부터 현대에 이르기까지

1. 노예제 폐지

반노예제 협회의 결성

1807년의 노예무역 폐지 이후, 영국 폐지론자들의 최우선 과제는 노예제 자체를 폐지하는 것이었다. 그들은 노예제 폐지가 다음과 같이 자연스럽고 점진적으로 실현될 것으로 예상했다. 우선, 노예무역이 폐지되었기 때문에 식민지에는 더 이상 새로운 노예가 유입되지 않는다. 따라서 플랜테이션을 계속 운영하려면 당장 소유한 노동력으로 꾸려갈 수밖에 없다. 그러려면 노예의 노동·생활 조건을 개선해야 한다. 그런 식의 처우 개선이 계속되다 보면 결국 노예제 자체도 폐지될 것이라고 생각한 것이다.

그들은 이런 예상을 바탕으로 노예무역 폐지 이후 한동안 식민지에서 노예의 처우가 어떻게 개선되어 가는지를 지켜보았다. 클래펌파의 일원으로, 윌버포스의 여동생과 결혼한 제임스 스티븐은 영국령 서인도 식민지의 노예 인구를 감시하기 위해 각 식민지에 노예 등록제를 도입해야 한다고 주장했다. 몇몇 식민지에서는 이 제도가 식민지 내정에 대한 본국 정부의 개입이라며 반대하는 의견도 나왔지만 결국에는 받아들였다. 1817년 본국 의회에서 정식으로 성립한 노예 등록법은 1820년 1월 1일부터 시행되었다.

이 법률은 두 가지 목적을 가지고 있었다. 첫 번째는 각 식민지의 노예 인구를 조사하고 각 노예들의 연령·성별·이름·직능 등을 기록해 비합법 노예 수입을 감시하는 것이었다. 두 번째는 노예의 출생률과 사망률을 계산해 농장주가 노예들의 처우 개선과 출생률 증가를 위해 힘쓰고 있는지를 정부가 정확히 평가하는 것이었다. 스티븐은 이 등록제를 통해 농장주가 노예들의 환경을 개선하기 위해 노력할 것으로 기대했다. 등록은 3년 단위로 이루어졌다.

1820년까지 노예제 폐지 움직임은 전반적으로 둔화되었다. 경제 불황으로 사회 개혁에 대한 관심이 낮아진 탓이었다. 하지만 1821년이 되자 노예제 폐지의 새로운 물결이 찾아왔다. 리버풀에서 제임스 크로퍼James Cropper가 주도하는 반노예제 협회가 결성되었다. 퀘이커 교인인 그는 동인도산 설탕 무역의 중심적인 역할을 하던 상인이었다.

크로퍼는 반노예제 운동을 이끌 중앙 조직의 필요성을 깊이 느끼고 있었다. 한편 월버포스, 스티븐, 매콜리 등도 노예들의 점진적 해방을 위한 새로운 조직이 필요하다고 생각하던 중이었다. 그리하여 1823년 1월 31일 런던에서 반노예제 협회Anti-Slavery Society(정식 명칭은 '영국령 식민지 노예제도의 상태 개선과 그 점진적 폐지를 촉구하는 협회')가 전국적인 조직으로 결성되었다.

이 조직에는 노예무역 폐지에 힘쓴 기존 회원들도 참가했지만 주도적으로 조직을 이끈 것은 차세대 인물들이었다. 제3장에서 살펴본 아프리카 협회의 회원들이 다수 참여했다. 글로스터 경이 명예 회장으로 취임했으며 부회장을 맡은 26명 중에는 감옥 개혁으로 유명한 스티븐 루싱턴Stephen Lushington과 퀘이커 교인이자 양조업자였던 토머스 포웰 벅스턴Thomas Fowell Buxton 등의 하원의

원 15명, 상원 의원 2명도 포함되어 있었다. 상원에서는 서필드 경 Lord Suffield이 지도적인 대변인 역할을 맡았다. 클래펌파와 퀘이커 교인이 많은 것은 노예무역 폐지운동 당시와 비슷하지만 조직의 규모는 비교도 안 될 정도로 컸다.

이 협회의 구체적인 과제는 일요 노동 금지, 종교 교육 추진, 결혼의 합법화, 노예의 소유권 인정, 법정에서의 노예 증언 승인, 여성 노예에게서 태어난 자녀의 해방 등 다방면에 걸쳐 있었다. 1824년 6월에 열린 최초의 연차 총회에서는 영국 각지에 220개 지부가 결성되었으며 노예의 처우 개선 및 점진적 노예제 폐지를 위한 의회 청원이 825건에 달했다는 등이 보고되었다.

의회에서는 1823년 5월 벅스턴이 하원에 출석해 협회의 설립 의도를 설명하고 노예제가 영국의 정치 체제 및 기독교 원칙과 양립할 수 없으며 신생아 노예를 해방하고 관계 당사자 간의 이해를 충분히 배려해 점진적인 노예제 폐지를 추진해야 한다고 주장했다. 이 발언은 농장주를 비롯한 서인도 이해 관계자들의 불안을 다소 완화시켰다. 농장주들에 대한 배려의 필요성을 언급하고 노예제 폐지 기한에 대해서는 분명히 밝히지 않았기 때문이었다.

다만, 농장주 중에는 노예제 폐지를 정면으로 반대하는 사람도 있었다. 그들은 자신들의 소유권이 침해되는 것에 반대했다. 개중에는 흑인이 '열등한 인종'이며 태생적으로 종속적인 지위에 놓여 있다는 오래된 견해를 고집하는 사람도 있었다.

가이아나의 노예 반란

　과연 노예의 노동·생활 상태는 반노예제 협회의 기대처럼 개선되었을까. 몇 가지 지표를 살펴보자.

　영국령 서인도 전체의 설탕 생산량은 1815년 16만8,000톤에서 1828년이 되자 21만3,000톤으로 증가했다. 다만, 섬·지역마다 증감의 폭이 다르다. 자메이카는 8만 톤에서 6만8,000톤으로 감소했지만 가이아나는 1만7,000톤에서 5만6,000톤으로 3배 이상 증가했다. 한편, 전체 노예 인구는 1815년 74만3,000명에서 1828년 69만6,000명으로 다소 감소했으며 실제 노동 인구는 크게 감소했다. 생산율이 정체되고 연령 구성이 전반적으로 고령화하는 경향을 보였기 때문이다.

　식민지마다 다르긴 하지만, 노예의 노동 조건은 노예무역 폐지 이후에도 전반적으로 열악해졌다.

　예컨대, 1825년 6월부터 반노예제 협회에서 발행한 기관지『반노예제 월례 보고Anti-Slavery Monthly Reporter』10월 호에는 가이아나의 플랜테이션 농장에서 일하는 샘이라는 노예가 등장해 1820년 8월경의 상황을 전했다. 그는 매일 늘어난 일 때문에 작업이 밀리자 지난 휴일 이후 밀린 일을 처리하기 위해 고된 노동에 시달렸다고 증언했다. 그의 아내도 엿새나 여주인의 집에 감금된 채 일했다고 호소했다. 앞서 살펴보았듯이, 가이아나에서는 설탕 생산량이 크게 증가했지만 노예 인구는 동시기에 10만4,000명에서 9만4,000명으로 다소 감소했다.

1823년 8월 가이아나의 데메라라 강 동안에서 발생한 노예 반란은 이런 상황에서 일어난 것이었다. 플랜테이션에서 일하는 노예약 2,000명이 보다 나은 노동·생활 조건을 요구하며 관리인과 식민지 당국에 반기를 들었다. 이 반란은 같은 해 1월 반노예제 협회설립에 이어 본국 정부가 노예의 처우를 개선하는 방안을 제안했다는 소식이 전해지면서 더욱 고무되었다. 아이티 혁명 당시 프랑스 본국의 노예제 폐지 소식이 투생을 비롯한 흑인들에게 영향을미쳤듯 다양한 정보가 대서양을 넘나들고 있었던 것이다.

　　결기한 노예들의 요구는 일요일 이외에 자신들의 텃밭을 일굴 3일간의 추가 휴일을 달라는 것으로 모아졌다. 가이아나에서는 농장주가 노예에게 텃밭을 제공하고 노예는 그 텃밭에서 자가 소비를 위한 채소를 기르고 가축을 키워 남은 식량은 시장에 팔았다. 농장주는 노예에게 식량을 배급할 필요가 없어지는 한편 노예는 플랜테이션에서의 노동 이외에 스스로의 이익을 얻기 위한 노동을 통해 사소하게나마 자주성을 회복했다. 이 제도는 자메이카 등에서도 도입하고 있었다.

　　하지만 식민지 당국은 노예들의 요구를 들어주지 않았다. 결국반란은 무력으로 진압되었다. 이 전투로 100~150명의 노예가 목숨을 잃었다고 한다. 노예 72명이 기소되고 그중 52명이 사형 판결을 받았으며 16명이 채찍형 1,000대를 선고받았다.

　　가이아나의 노예 반란 과정에서 특히 본국의 주목을 끈 인물이 7년 전부터 현지에서 포교 활동을 전개한 목사 존 스미스John

그림 4-1 가이아나의 반란(Joshua Bryant, *Account of an Insurrection of the Negro Slave in the Colony of Demerara*, 1824)

Smith였다. 런던 전도 협회(국교회 계통)에서 파견된 스미스는 기독교 복음을 전파해 노예들을 개종시키려 했다. 그는 가난한 노예들과 함께 하는 것을 자신의 평생의 과업이라 여기고 전도에 힘썼지만 노예들과 가까이 지내면서 그들의 빈곤과 과중한 노동 그리고 노예주들의 학대에 충격을 받게 된다.

결국 스미스는 노예 반란에 연루된다. 부목사였던 노예 콰미나 글래드스턴Quamina Gladstone이 반란의 지도자였던 것이다. 스미스는 노예 반란을 선동한 죄로 투옥되어 사형 선고를 받았다. 국왕 조지 4세는 스미스의 사형 집행을 유예한다는 서면에 서명했지만 그 문서가 가이아나에 도착하기 전 열병으로 세상을 떠났다.

스미스의 죽음은 신문에도 실리며 노예제도의 잔인성이 불러온 비극으로 널리 알려졌다. 그는 가이아나의 순교자로 추앙되며 영국인들의 관심을 불러일으켰다.

즉각적 폐지로의 전환

1820년대 후반, 스미스의 사망 소식이 전해지고 각 식민지 의회가 노예들의 처우 개선에 대해 방해 공작을 벌이고 있다는 사실이 밝혀지자 대중적인 반노예제 운동의 분위기가 무르익기 시작했다. 1780~1790년대의 노예무역 폐지운동과 마찬가지로 다양한 소책자와 신문 기사 등을 통해 노예제 반대 운동이 전개되었다. 1823~1831년 반노예제 협회는 총 280만 부의 소책자를 발행했으며 그 결과 1828~1830년에는 점진적인 노예제 폐지를 요구하는 청원 서명부 약 5,000건을 의회에 보냈다.

예컨대, 1824년 발행된 『노예제 반대』라는 소책자는 영국령 서인도에서 80만 명에 이르는 동포가 야만적이고 수치스러운 노예제의 억압 속에서 고통 받고 있으며 임금은커녕 충분한 식량조차 제공되지 않으며 노예 감독들의 일상적인 학대에 시달린다는 내용으로 독자들의 가슴을 울렸다.

무엇보다 사람들의 폐부를 찌른 것은 서인도산 설탕을 구입하고 소비하는 것이 노예들의 일상적인 고통과 직결된다는 대목이었다. 즉, 영국인의 1/10이 설탕 소비를 멈추면 80만 명의 억압받는 사람들이 자유를 되찾을 수 있을 것이라는 호소였다. 이것은 노예무역 폐지를 촉구하는 설탕 불매운동 당시에도 쓰였던 방식이었다.

그런데 이 시기의 대중 운동에는 큰 변화가 있었다. 첫 번째는 점진적 폐지가 아닌 즉각적 폐지 움직임이 활발히 일어났다는 점, 두 번째는 여성들의 참여와 기여도가 높았다는 점이다.

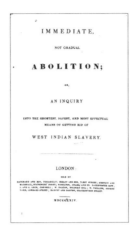

그림 4-2 소책자 『점진적 폐지가 아닌 즉각적 폐지를』(1824년)

즉각적 폐지를 주장한 소책자 중 가장 주목을 받은 것은 1824년 발행된 『점진적 폐지가 아닌 즉각적 폐지를Immediate, not Gradual Abolition』이다(그림 4-2). 저자는 퀘이커 교인인 엘리자베스 헤이릭 Elizabeth Heyrick으로 알려졌다.

이 소책자는 우리 모두가 노예제를 지지하고 존속시킨 죄를 지 었다고 선언했다. 즉, 서인도의 농장주와 영국의 국민은 남의 물 건을 훔친 도둑과 그 수령자라는 점에서 똑같은 도덕적 관계에 있 다는 말이다. 노예 생산물을 구입함으로써 모든 불법과 약탈과 학 대를 용인하고 있다는 것이다. '영국 국민 한 사람 한 사람이 노예 제를 지지하고 있다는 현실을 인식하고, 노예제 폐지를 위해 힘써 야 한다'고 호소했다.

이 소책자에서 가장 눈에 띄는 대목은 다음과 같다. 영국은 노예제를 반대하는 청원에 너무 많은 시간을 낭비했다. 이제 더 빠르고 효과적인 방법으로 호소할 시기가 왔다고 말하며 그 근거로 아이티의 노예 해방을 예로 들었다. 아이티의 노예 해방과 그 이후의 역사는 즉각적 폐지 구상을 교묘히 거부해온 논의를 정면으로 반박한다. 아이티에서는 50만 명 이상의 노예가 갑작스럽게 해방되었지만 부정적인 행위나 노동 거부는 일어나지 않았다. 또 과거의 부당한 처우에 대한 보복이나 학살도 일어나지 않았다. 즉각적 폐지는 실행 가능할 뿐 아니라 위험이 따르는 일이 아니라고 주장했다.

여성들의 참여

노예제의 즉각적 폐지를 호소하는 운동이 시작된 즈음 운동에 동참하는 여성들이 늘어났다. 1825년 4월 8일, 버밍엄의 국교회 복음주의파 목사의 아내 루시 타운센트Lucy Townsent의 집에서 반노예제 여성협회The Ladies Society for the Relief of Negro Slaves가 탄생했다. 이 협회의 설립에는 토머스 클라크슨이 관여했다. 클라크슨은 1823년부터 1년여에 걸쳐 잉글랜드와 웨일스 각지를 돌며 반노예제 조직을 결성하고자 했다. 그는 타운센트를 독려하고 버밍엄의 퀘이커 교인인 새뮤얼 로이드Samuel Lloyd를 소개했다. 새뮤얼 로이드의 아내 메리Mary Lloyd도 협회 설립에 참가했다.

버밍엄의 여성 조직은 1년여에 걸쳐 잉글랜드 중부를 중심으로 한 각 지구의 여성 조직을 통합해 전국적인 여성 협회를 결성했다. 이 협회의 설립 목적 제1항은 '불행한 아프리카의 어린이와 여성 흑인 노예의 상태를 개선한다'이다. 또 제8항에서는 '무력한 여성 노예에 대한 채찍질이 금지될 때까지, 우리 동포가 동물처럼 사고 팔리지 않을 때까지, 모든 흑인 여성이 자유인으로 태어난 아기를 가슴에 안을 수 있을 때까지 활동을 계속한다'라고 선언했다.

1829년까지 브리스틀, 플리머스, 맨체스터, 더블린 등의 지역으로 조직이 확대되었다. 이 협회는 반노예제 협회의 지부 조직(남성 조직)이 없는 다수의 도시에서도 생겼기 때문에 반노예제 협회의 지부라기보다는 독자적인 조직으로 보는 편이 좋을 것이다. 물론 반노예제 협회의 목적과 겹치는 부분이 많기 때문에 운동 면에서는 연대했다. 여성 협회의 영향력은 웨일즈, 아일랜드뿐 아니라 희망봉, 시에라리온, 카르카타 등의 지역에까지 미쳤다.

영국에서는 감옥 개혁이나 동물 애호 운동과 같은 개혁 운동에도 여성들의 주체적인 참가가 있었다고 한다. 하지만 폐지운동은 앞서 이야기한 설탕 불매운동과 같이 다른 개혁 운동들과 비교도 안 될 만큼 광범위한 지역에서 여성들의 주체적인 참가가 나타났다.

에이전시 위원회

반노예제 협회 내부에는 윌버포스와 같이 점진적 폐지를 고집하는 폐지론자들이 있었지만 시대의 추세는 즉각적 폐지로 기울어 있었다. 1828년 협회는 의회 밖에서의 폐지운동을 추진하기로 결정했다. 이런 결정에 가장 먼저 호응한 것이 앞서 이야기한 버밍엄의 여성 조직이었다. 버밍엄 그룹은 각지에 이동 연사를 파견해 노예제 폐지에 대한 지방 대중들의 관심을 끌어올리고 지방 조직을 활성화하거나 새로운 조직을 만드는 계획을 세우고 실행에 옮겼다.

1831년 6월에는 이런 버밍엄 그룹의 활동에 자극을 받은 반노예제 협회가 에이전시 위원회Agency Committee를 조직해 각지로 이동 연사를 파견했다. 그들은 영국 각지에서 집회를 열어 식민지 노예제의 실태를 구체적으로 설명하고 노예제 폐지의 필연성을 역설했다.

몇 가지 예를 들어보자. 1831년 10월 24일 밤, 영국 중부 발독에서 열린 강연은 관중들로 초만원을 이루어 200명 가까이 되는 사람들이 집회장에 들어가지 못했다고 한다. 다음 날인 25일 캔터베리에서 열린 집회에는 300명이 참가했다. 이 집회에서는 이동 연사 외에 5명이 연단에 올라 16파운드 이상의 기부금을 모으고 시장이 회장을 맡은 반노예제 조직이 결성되었다. 이듬해 1월 12일 링컨셔의 포킹햄에서는 주민이 800명밖에 살지 않은 곳임에도 150명이 집회장에 모였다. 대다수가 여성들이었다고 한다. 이처럼 반노예제 집회는 각지에서 뜨거운 성원을 받았다.

재정적인 면에서 에이전시 위원회를 지원한 것이 저명한 퀘이커 교인과 각지의 여성 조직이었다. 노예무역 폐지운동에도 참가했던 퀘이커 교인 웨지우드 가문과 크로퍼 가문 등이 기부자 명부에 이름을 올렸으며 런던, 맨체스터, 플리머스, 노팅엄, 더럼 등 13개 반노예제 여성 조직의 기부도 있었다.

이 에이전시 위원회를 움직인 것은 급진적인 폐지론자들이었다. 그들은 점진적 폐지론자들의 특징인 지연 혹은 대기 전술에 진력이 난 상황이었다. 또 앞서 설명했듯 실제 영국령 서인도 노예들의 상태는 개선은커녕 악화일로를 걷고 있었다.

에이전시 위원회는 오랫동안 고수해온 점진적 폐지 전술을 즉각적 해방 전술로 전환하는데 중요한 역할을 했다. 사람들의 마음을 즉각적 해방 쪽으로 향하게 한 것은 노예제가 기독교 교의에 반하는 중대한 죄라는 의식이었다. 인간이 양심에 따라 안락한 삶을 살기 위해서는 죄를 지은 즉시 뉘우치고 용서받아야 한다. 이런 기독교적 의무감은 앞서 소개한 헤이릭의 소책자에서도 전개된 바 있다.

자메이카의 노예 반란

영국의 노예제 폐지를 이끈 결정적 요인 중 하나로 1831년의 자메이카 노예 반란이 있다.

1655년 크롬웰 시대에 영국의 식민지가 된 이 섬은 18세기 영국령 서인도 최대의 설탕 식민지가 되었다. 1832년 자메이카의 노예

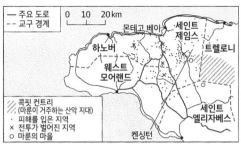

그림 4-3 자메이카의 노예 반란(1831~1832년. Michael Craton, *Testing the Chains*, map 17을 바탕으로 작성)

인구는 약 31만8,000명이었다. 1817년에는 34만4,000명이었기 때문에 이곳에서도 역시 노예 인구가 서서히 감소했다는 것을 알 수 있다.

이 봉기에는 자메이카 서부의 세인트 제임스 교구를 중심으로 하노버 교구, 웨스트모어랜드 교구, 트렐로니 교구, 세인트 엘리자베스 교구를 포함한 폭넓은 지역에서 최종적으로 6만여 명의 노예가 참여했다고 한다(그림 4-3). 자메이카 전체의 면적, 노예 인구 면에서 볼 때 약 20%에 해당한다. 반란 과정과 그 결과로 540명의 노예가 사망하고 백인 14명도 목숨을 잃었다. 앞서 살펴본 가이아나의 노예 반란과 비교해도 굉장히 큰 규모의 반란이었다.

1831년 크리스마스에 시작된 이 노예 반란은 '크리스마스 반란'이라고 불렸다. 또한 반란을 일으킨 대다수 노예가 현지 침례교회의 신자였기 때문에 '침례교 전쟁'이라고도 불린다. 그런 이유로 반란 진압 후 자메이카 침례교회 목사들은 반란의 책임을 추궁 당하기도 했다. 한편 그들은 영국에 돌아와 현지 상황을 생생히 전하며 노예제 폐지 여론을 환기하는 데 중요한 공헌을 했다.

1820년대 자메이카의 설탕 플랜테이션은 전반적으로 쇠퇴하는 경향을 보였다. 특히 서부 지역에서 그런 경향이 뚜렷이 나타났다. 1828~1833년 트렐로니 교구에서는 농장의 1/3이 매각되거나 설탕 생산을 중단했다. 세인트 제임스 교구와 하노버 교구도 마찬가지였다. 살아남은 플랜테이션에서는 국제적인 설탕 가격 하락에 저항하며 어떻게든 이익을 내기 위해 토지와 노예를 혹사했다. 자메이카에서도 노예의 상태는 개선은커녕 악화했다고 볼 수 있다.

1831년은 농장주는 물론 노예들에게도 격동의 시기였다. 7~8월에는 몇몇 교구에서 농장주들이 회합을 열어 본국의 반노예제파의 활동을 비난하고 정부가 더는 그들에게 양보해서는 안 된다고 청원했다.

한편 노예들은 노예를 해방하는 제국법이 이미 결론에 도달했음에도 자메이카의 백인들이 법률의 이행을 온 힘을 다해 방해하고 있다고 여겼다. 이것과 관련해 온갖 소문이 난무했다. 예컨대 '물라토는 이미 해방되었다. 흑인도 곧 자유를 얻게 될 것이다', '코앞에 닥친 자유가 유보되고 있다', '투쟁하지 않으면 자유를 얻을 수 없다', '제국 육군과 해군은 노예와 싸우지 않는다, 오히려 노예를 지켜준다' 등이었다.

1831년 4월 봉기 지도자들의 비밀 회합이 있었다. 10월에는 간부 조직이 만들어졌으며 리트리브 농원의 존슨Johnson이라는 노

그림 4-4 자메이카 플랜테이션 농장의 풍경(1820~1821년경. James Hakewill, *A Picturesque Tour of the Island of Jamaica*, 1825)

예의 집에서 정기적인 회합을 가졌다. 마침내 존슨, 요크 농원의 목수 찰스 캠벨Charles Campbell, 그린위치 농원의 마부 로버트 가드너Robert Gardner, 벨베데레 농원의 토머스 도브Thomas Dove 네 사람이 봉기를 이끌 지휘관으로 선발되었다.

　그리고 그들을 통괄하는 지도자는 새뮤얼 샤프Samuel Sharpe였다. 그는 침례교회 목사 토머스 버셸Thomas Burchell의 목사보로서 몬테고 베이와 세인트 제임스 교구를 자유롭게 오갔다. 대디Daddy라는 별명에서도 알 수 있듯, 지역 노예들의 신뢰가 두터운 카리스마적인 인물이었다.

　크리스마스 당일, 간부 중 한 명인 조지 거스리George Guthrie의 집에서 저녁식사를 겸한 마지막 회합이 열렸다. 샤프는 크리스마스 휴가 이후 노예들은 모든 일을 중단하고 농장주에 해방을 요구하되 무력 사용을 최대한 자제하라는 지령을 내렸다. 즉, 평화적인 파업을 감행하고자 한 것이다.

하지만 현실은 그들의 의도와 다르게 진행되었다. 일부 노예들은 권총이나 소총을 탈취하고 농장주의 집에 불을 질렀다. 노예 반란의 봉화는 몬테고 베이에서 남쪽으로 10마일 거리에 있는 켄싱턴 농원의 방화로부터 시작되었다. 노예들은 주변의 산과 숲에 불을 지르고 일주일에 걸쳐 서부 지역 대부분을 장악했다.

반란 세력에 대항하기 위해 자메이카의 백인 민병 조직은 늦게나마 전투 준비를 시작했다. 벨모어 총독은 각 교구의 민병 조직에 경계 태세를 갖추게 하고 군 평의회를 소집했다. 1832년 1월 1일, 식민지 정부는 자메이카 전체에 경계령을 선포했다. 본국에서 파견된 윌러비 코튼Willoughby Cotton 사령관은 84연대를 이끌고 1월 1일 몬테고 베이로 진격해 노예들에게 투항을 권고했다. 또 군대의 일부를 남서부로 보내 협공을 준비했다.

코튼 사령관은 그 후 2주에 걸쳐 북서부의 반란 지역을 동분서주했지만 전투는 게릴라전의 양상으로 전개되었다. 자메이카는 앞서 이야기했듯이 각지에 은신처가 있는 마룬들의 섬이었다. 그럼에도 결국 1월 24일 버진 협곡에 포위된 반란 세력 146명이 투항했다. 당시 이미 반란 세력의 지휘관 존슨과 캠벨이 사망하고 1월 27일에는 가드너와 도브가 항복했다. 총사령관 샤프도 군대에 체포되었다. 2월 5일 경계령이 해제되고 반란은 종결되었다.

반란에 의해 가장 막대한 손해를 입은 것은 세인트 제임스 교구와 하노버 교구였다. 1832년 5월까지 열린 군사 법정과 시민 법정에서 627명이 기소되고 그중 344명이 사형에 처해졌다. 대다수가 남성이었으며 여성은 75명이 기소되었지만 사형이 집행된 것은 2명뿐이었다.

자메이카의 노예 반란 소식은 이내 영국 본국으로 전해졌다. 영국의 부재지주不在地主들은 반란의 원인이 현지의 비국교회 계통 특히 침례교 목사의 선동과 반노예제 진영에 양보해온 정부에 있다고 비난했다. 침례교 목사 버셀과 윌리엄 닙William Knibb은 1832년 4월 귀국했다. 닙은 하원 특별위원회에서 증언하고 그 후 각지의 집회를 돌며 연설했다. 그는 노예제가 모든 악의 근원임을 역설하고 농장주와 그 대리인들이 저지른 학대 행위를 폭로했다. 영국의 대중들은 닙 등을 반란의 희생자로 여겼다.

노예 반란의 지도자 샤프는 5월 23일 사형에 처해졌다. 죽음을 앞둔 그는 '백인은 더 이상 흑인을 노예 제도 안에 가둘 권리가 없다, 나는 노예로 사느니 교수대 위에서 죽는 편을 선택하겠다'고 말했다. 그의 마지막 말은 예속에 항거한 모든 노예들의 가슴을 울리는 감동적인 묘비명으로 남게 되었다.

노예제 폐지

이 시기 영국의 정치적 상황은 극적으로 변화했다. 1828년 영국의 '구체제'라고 해야 할 심사법(1673년 제정)이 폐지되고 이듬해에는 가톨릭 해방법이 제정되었다. 그리하여 국교도가 아니어도 공직에 오르거나 의원이 될 수 있게 되었으며 아일랜드의 가톨릭교도도 기독교와 동등한 시민권을 소유할 수 있게 되었다.

1830년 총선거에서는 거의 반세기만에 의회 개혁에 앞장선 휘그당 정권이 탄생했다. 이 정권하에서 1832년 6월 개정 선거법이 성립하면서 노예제 폐지에 찬성하는 세력이 우세한 중산 계급에 선거권이 부여되었다.

그리고 같은 해 9월 개정 선거법이 성립한 이후 최초의 선거가 치러졌다. 선거인 수는 이전의 40~50만에서 60~80만 명으로 약 1.5배 증가했다. 당시 성인 남성의 약 1/7이 선거권을 갖고 있었던 것이다. 반노예제 협회는 노예제의 즉각적 폐지를 지지하는 후보자에 투표할 것을 호소했다. 결과적으로, 즉각적 폐지를 지지한 104명의 후보자가 하원에 당선되었다. 이로써 노예제 폐지법의 성립이 의회의 최우선 과제가 되었다.

이후에도 폐지론자들은 지지 세력을 더욱 확대해나갔다. 각지에서 수천 명이 참가하는 집회가 개최되었다. 반노예제 여성협회가 주최한 글래스고 집회에는 1,800명에 이르는 여성이 참가했다. 1833년 초에는 5,000건 이상의 노예제 즉각 폐지를 위한 청원 서명이 의회에 제출되었다. 서명자는 150만 명에 달했다.

클라이맥스는 같은 해 4월 런던의 엑스터 홀Exeter Hall에서 열린 반노예제 협회의 집회였다. 이 집회에서는 노예제 폐지가 필요 불가결한 상황에 임박했음을 강력하게 결의하고, 그 내용을 수상과 식민지 대신들에게 보냈다. 그 후로도 감리교 교파에서 1,900건, 다른 비국교회 종파에서도 800건에 이르는 청원 서명부를 모았다.

이런 추세를 파악한 정부는 1833년 5월부터 노예제 폐지법 제정을 위한 논의를 시작했다. 노예제 폐지라는 방향성은 분명했지만 농장주 측의 이해도 배려하지 않을 수 없었다. 최대의 쟁점은 노예제가 폐지된 이후의 노예의 신분이었다. 급진적 폐지론자들은 노예의 즉각적이고 완전한 해방을 요구했지만 농장주들은 플랜테이션에서의 노동 유지를 요구하며 '계약 노동제'를 주장했다. 노예제가 폐지된 후에도 일정 시간 동안 원래 노예주 밑에서 일하게 하는 제도였다.

결국 농장주들의 의견이 채용되었다. 계약 기간은 옥외 노예가 6년, 가내 노예는 4년으로 정해졌다. 즉, 노예는 해방된 후 계약 노동자로서 원래 농장주 밑에서 주 45시간씩 일해야 한다. 정해진 시간 이상 일한 경우에는 초과분에 대한 임금을 받고 계약 기간이 끝나면 완전히 해방된다고 규정했다.

또 한 가지 뜨거운 쟁점이 된 것은 노예제 폐지에 따른 농장주의 손실을 어떻게 보전할 것인가의 문제였다. '동산動産'으로서의 노예 소유권을 상실했을 때 그에 합당한 보상을 해야 한다는 논의였다. 이번에도 급진파는 전면적인 반대 의견을 밝혔다. 하지만 농장주들의 이해를 고려해 정부가 총 2,000만 파운드의 보상금을 지급하기로 했다.

이렇게 1833년 7월 31일 노예제 폐지법이 성립했다. 영국령 서인도와 모리셔스의 노예제 폐지가 시행된 것은 1년 후인 1834년 8월 1일이었다. 그 결과, 영국령 서인도에서만 약 66만7,000명의 노예가 해방되었다. 노예 해방을 축하하는 행사는 전혀 없었다고 한다.

계약 노동제 폐지

계약 노동제는 해방된 노예들의 생활이 어려워질 것을 우려해 도입된 제도가 아닌 농장주들이 플랜테이션을 유지하기 위해 노예의 노동력이 필요했기 때문에 도입된 제도라고 할 수 있다. 계약 노동자가 된 흑인들은 노예 신분에서 해방되었음에도 본래의 노예주 밑에서 일해야 한다는 사실에 불만을 품었다. 노예제가 폐지되면 자신과 가족을 위해 자유로이 일할 수 있을 것이라 기대했기 때문이다.

한편 농장주는 노예제 시대와 마찬가지로 계약 노동자들을 마음껏 부리고 싶어 했기에 주 45시간을 넘는 초과분에 대해 임금을 지급해야 하는 상황을 참을 수 없었다. 계약 노동자와 농장주 사이에는 좁혀지지 않는 큰 견해차가 존재했다.

하지만 농장주들의 압도적인 지배력을 거스를 수는 없었다. 각 식민지의 계약 노동자와 농장주 사이에 발생한 크고 작은 분쟁을 조정하기 위해 본국에서 파견된 유급 판사들 대부분이 농장주 측에 유리한 판결을 내렸던 것이다.

유급 판사는 법률로 규정된 계약 노동제를 시행하는 데 중요한 역할을 했지만 월 500~600건에 달하는 고충을 듣고 처리해야 하는 고된 자리였다. 격무와 고립감에 시달리던 대다수 유급 판사들은 필연적으로 농장주나 그 대리인에 종속되었다. 물론, 의식적으로 노동자 입장에 선 판사들도 있었지만 소수에 불과했으며 온갖 굴욕과 공격을 받았다.

계약 노동제의 실태는 한 마디로 말해 '위장된 노예제'나 다름없었다. 계약 기간이 정해져 있지만 노동 실태는 노예제 시대와 다르지 않았다. 자메이카에 파견된 한 유급 판사는 노동자들의 상황이 노예제 시절보다 3배는 더 악화되었다고 보고했을 정도였다. 또 노예제 폐지 이후 자메이카로 돌아온 침례교 목사 닙은 노동자들이 여전히 채찍질 당하고 어린 아이들까지 플랜테이션 농장에서 일하고 있다고 본국에 보고했다.

1835년 5월 런던 엑스터 홀에서 반노예제 협회 소속의 몇몇 조직이 연대해 계약 노동제에 반대하는 전국 집회를 개최했다. 또 같은 해 10월에는 버밍엄에서 계약 노동제 폐지를 촉구하는 집회가 열렸다. 퀘이커교 상인인 조셉 스터지Joseph Sturge가 주도한 이 집회에는 여성들도 다수 참가했다.

계약 노동제에 반대한 스터지 등은 1836년 10월 영국령 서인도의 실태를 조사하기 위해 현지로 향했다. 그들은 두 그룹으로 갈라져 바베이도스, 안티구아, 가이아나, 몬트세랫, 도미니카, 자메이카 등을 순회했다. 당시 조사 내용을 정리한 것이 스터지와 토머스 하비Thomas Harvey가 쓴 『1837년의 서인도The West Indies in 1837』(1838년)이다. 여기에는 노동자들에 대한 학대 현황, 유급 판

그림 4-5 엑스터 홀의 반노예제 집회(1841년경의 판화. 미 의회 도서관).
반노예제 집회가 자주 열리면서 폐지운동을 상징하는 장소가 되었다.

사와 농장주의 유착, 반항적인 노동자에 대한 투옥과 유죄 선고 등의 사정이 자세히 쓰여 있었다.

이런 활동과 병행해 1837년 11월 초 무렵까지 계약 노동제 반대 운동이 활발히 일어났다. 엑스터 홀에서 다시 큰 집회가 열렸다. 이 집회에서는 영국령 서인도 노동자들의 실태를 알리고 계약 노동제에 대한 비판 결의를 채택했다. 또 흑인 해방 중앙위원회Central Negro Emancipation Committee가 새롭게 결성되어 영국 각지에서 집회를 개최했으며 이듬해인 3월 14일에는 엑스터 홀에서 약 5,000명이 참가하는 대규모 집회를 열었다. 의장을 맡은 브로엄 Henry Peter Brougham 경은 '흑인의 이익만 생각해야 한다. 오직 흑인의 이익만을!'이라고 호소했다. 3월 말이 되자 각지에서 약 250건에 달하는 계약 노동제 폐지를 촉구하는 청원 서명부가 모였다.

1838년 5월 22일, 존 윌멋John Wilmot은 하원에 1838년 8월 1일부로 계약 노동제를 종료하는 결의를 제안하고 신속한 논의를 거처 채택되었다. 다만, 최종적으로 계약 노동제가 폐지된 것은 각 식민지 의회의 의결이 나온 이후였다. 트리니다드, 가이아나, 자메이카에서는 거센 저항이 있었지만 몬트세랫 의회를 시작으로 각 식민지에서 의결되었다. 그리고 1838년 8월 1일부로 고용 노동제는 폐지되었다.

남북 아메리카의 노예제 폐지

이렇게 노예제도는 영국 폐지론자들의 노력과 노예들 스스로의 고군분투 끝에 폐지되었다. 이번 장을 마무리하며 대서양사 전체의 노예제 폐지 활동에 대해 살펴보자.

프랑스령 서인도에서는 1830년대 초반까지 비합법적 노예무역이 계속되었다. 1819~1831년 영국 해군은 프랑스의 노예선 108척을 나포했다. 그 후, 프랑스령 서인도의 노예무역은 영국 해군의 압박에 못 이겨 사실상 소멸했다. 프랑스령 서인도에서 노예제 플랜테이션이 남아 있던 곳은 주로 과들루프와 마르티니크이다. 1848년 노예 인구는 과들루프가 8만8,000명, 마르티니크가 7만 6,500명이었다. 한편, 자유인의 인구는 1838년 시점에 과들루프가 3만5,000명, 마르티니크가 4만 명이었다.

프랑스령 식민지 중 아이티는 1804년 독립해 노예제도 폐지되었다. 프랑스의 폐지론자들은 1829년 노예제의 점진적 폐지를 호소하는 소책자를 발행하고 1834년 정식으로 노예제 폐지협회를 결성했다. 영국의 노예제 폐지의 영향이 명백했다. 이 협회는 기조François Pierre Guillaume Guizot와 같은 정치가들의 지지를 얻었지만 대중의 호응을 이끌어내지는 못했다. 『아메리카의 민주주의De la Democratie en Amerique』를 쓴 토크빌Alexis de Tocqueville도 이 협회의 지지자로, 영국처럼 1억5,000만 프랑의 보상금을 갹출하고 6년의 계약 기간이 끝나면 노예를 해방하는 방식을 제안했지만 정부는 실행에 옮기려 하지 않았다.

1840년 전후로 폐지협회는 빅토르 위고Victor Hugo, 루이 블랑Louis Blanc, 라마르틴Alphonse de Lamartine 등이 참여해 노예제의 즉각적 폐지를 촉구하는 의회 청원운동을 전개했다. 같은 시기, 제한 선거제 철폐를 요구하는 선거법 개혁 운동이 고양되었다. 이런 요구를 거부한 국왕 루이 필립이 민중의 분노를 사 1848년 2월 퇴위하고 런던으로 망명, 임시 공화 정부가 조직되었다(2월 혁명).

4월 27일 혁명 정권하에서 노예제 폐지 법령이 승인되고 5월 2일 공포되었다. 마르티니크의 플랜테이션 노예들은 4월 말이 되자 생피에르 등의 도시로 몰려들었다고 한다. 식민지 정부는 이런 움직임을 저지하려 했지만 5월 22일 여러 건의 충돌이 발생했다. 이 충돌 소식은 과들루프에도 전해졌다. 식민지 정부는 충돌을 피하기 위해 5월 27일 무조건적인 노예제 폐지를 선언했다.

마르티니크의 반란 소식은 카리브 해 전체에 영향을 미쳤다. 스페인령 쿠바의 총독은 이 소식이 퍼지지 못하게 막았지만 네덜란드령 소앤틸리스 제도의 신트 마르턴, 신트 외스타티위스 등의 총독은 반란 소식을 막는 데 실패했다. 노예들은 북을 두드리고 나팔을 불며 반란을 환영했다고 한다. 덴마크령 세인트 크로이 섬의 약 2만5,000명의 노예들도 반란에 호응했다고 한다. 덴마크에서는 1802년 노예무역이 폐지되었지만 노예제가 폐지된 것은 1848년 9월의 일이다.

1848년까지 카리브 해 각지에서 노예제는 거의 붕괴했다. 남은 것은 스페인령 쿠바와 푸에르토리코였다. 푸에르토리코의 노예제는 1873년 폐지되었다.

남아메리카의 스페인령 아메리카 각지에서는 1810년부터 1820년대에 걸쳐 독립을 달성했지만 노예제는 남아 있었다. 콜롬비아에서 노예제가 완전히 폐지된 것은 1851년이다. 그 후 2, 3년 동안 아르헨티나, 베네수엘라, 페루, 에콰도르, 볼리비아에서 노예제가 폐지되었다. 1860년대까지 카리브 해 제도를 포함한 남북 아메리카에서 노예제가 남아 있던 곳은 아메리카합중국, 쿠바, 브라질, 네덜란드령 수리남이다. 수리남의 노예제는 1863년 폐지되었다. 대서양 전체에서도 합중국의 노예제 폐지가 상당히 늦었다는 사실에 주의해야 한다.

식민지 시대 이후, 북아메리카에서는 버지니아의 담배 플랜테이션, 사우스캐롤라이나와 조지아의 쌀·인디고 플랜테이션 등에서 주로 노예 노동이 이루어졌으며 일부는 북부에까지 퍼져 있었다. 하지만 독립 이후, 1787년의 북서부 조례에 의해 북부의 주에서는 노예제가 폐지되었으며 남부에서도 노예제는 쇠퇴하는 추세였다.

그림 4-6 버지니아 주 알렉산드리아의 노예 무역상사(1861~65년. 미의회 도서관). 남북 전쟁 중 북군에 수용되었다.

그런데 여기서 새로운 주요 산물이 등장한다. 면화이다. 1793년 휘트니Eli Whitney가 조면기繰綿機를 발명하면서 사우스캐롤라이나, 조지아, 미시시피 등의 디프사우스 지역에서 면화 플랜테이션이 급속히 확대되었다.

새로운 노예 수요를 충당하기 위해 버지니아 등지에서 약 70만 명의 노예를 면화 플랜테이션 농장으로 이주시켰다고 한다. 또 노예 가격이 급등하자 노예 자녀를 면작 지대에 팔아넘기는 일종의 '노예 목장'도 번성했다. 이렇게 생산된 면화 대부분이 영국에 수출되어 면 공업을 발전시키고 산업 혁명의 원동력이 된 것이다.

남북 전쟁(1861~1865년) 이전 합중국의 노예 인구는 400만 명가량으로 추정된다. 폐지운동은 합중국에서도 활발히 이루어졌다. 특히, 1830년대 이후에는 냇 터너Nat Turner가 주도한 버지니아 노예 반란(1831년), 즉각적 노예제 폐지를 주장한 윌리엄 갤리슨William Galison의 아메리카 반노예제 협회 설립(1833년), 도망 노예 출

그림 4-7 노예 해방의 날
(왼쪽) 노스캐롤라이나 주의 북군 흑인 병사에 의한 노예 해방(『하퍼스 위클리』 1864년
1월 23일호)
(오른쪽) '그 날을 기다리며' 노예 해방 선언 공포의 날(1863년 1월 1일)을 맞은 흑인들
(1863년의 카드. 스미소니언 국립 아프리칸·아메리칸 역사문화박물관)

신의 폐지론자 프레더릭 더글러스Frederick Douglass의 활약 등 반노
예제를 둘러싼 움직임이 가속화되었다.

다만, 노예 해방이 처음부터 남북 전쟁의 쟁점은 아니었다. 중요
한 것은 합중국의 연방 체제 유지였다. 링컨 대통령은 전쟁 중인
1862년 8월 '나의 궁극적인 목적은 연방을 구하는 것이다. 노예제
를 유지할지 폐지할지는 중요한 과제가 아니다'라고 말했다. 다만
그는 취임 전부터 노예제가 도덕적으로 옳지 않다는 신념을 가지
고 있었다.

1863년 1월, 링컨이 노예 해방을 선언한 것은 남부 연합을 고립
시키기 위한 전략의 일환이었다. 결국 남부 연합은 동요하고 국제
적으로도 고립되어갔다. 전쟁은 남북을 통틀어 60만 명 이상의 전
사자를 내며 격화되었지만 북군의 게티즈버그 전투(1863년 7월) 승
리가 전환점이 되어 경제력이 앞서는 북부 연합이 승리했다. 북군

에는 해방된 노예를 포함한 다수의 흑인 병사도 종군했다. 전쟁이 종결된 후 1865년 4월 15일 링컨은 암살되었지만 같은 해 12월 헌법 수정 제13조에 의해 합중국의 노예제 폐지가 실현되었다.

해방된 흑인들은 형식상으로는 자유의 몸이 되어 이동과 결혼의 자유를 누릴 수 있게 되었다. 서아프리카의 라이베리아, 서부의 뉴멕시코, 애리조나, 네브래스카, 캔자스로 이주하는 사람도 있었다. 하지만 압도적 다수는 원래 일하던 농장주 밑에서 소작인으로 생계를 꾸렸다. 일정 농지를 제공받고 생산한 면화의 양만큼 식량과 생필품을 구입할 수 있었다. 노예에서 소작인으로 바뀌었지만 농장주의 지배를 받는 것은 마찬가지였다. 농장주의 의식도 노예제 시대와 다르지 않았다.

전후 재건기에는 공화당의 급진파들이 주도한 헌법 수정 제14조·제15조가 성립했다. 흑인을 포함한 모든 사람에게 시민권과 투표권(남성만 해당)이 부여되었다. 또 1875년에는 공민권법이 제정되어 합중국 시민은 누구나 인종이나 피부색에 관계없이 주거, 공공시설, 공공교통을 평등하게 이용할 수 있게 되었다.

하지만 많은 백인들이 이런 인종 평등 정책에 반기를 들었다. 그 결과, 합중국 헌법은 특수한 경우를 제외하면 개인의 행위를 규제할 권한이 없으며 이는 결국 주 정부의 권한이라는 헌법 수정 제10조의 해석이 정착하면서 주 정부 법에 의해 흑인 차별이 합법화된 지역도 다수 나왔다. 공민권법은 실질적으로 무력화되고 말았다.

그리하여 남부를 중심으로 이른바 '짐 크로우 법Jim Crow laws'이라는 체제가 정착했다. 짐 크로우란 흑인 분장을 하고 '점프 짐 크로우Jump Jim Crow'라는 노래에 맞춰 춤을 추었던 한 백인 배우의 공연이 인기를 끌면서 흑인을 지칭하는 경멸적인 용어로 쓰이게 되었다. '무지하고 어리석은 흑인'이라는 편견이 담긴 말이었다.

짐 크로우 체제의 골자는 인종 격리였다. 구체적으로는 공립학교, 병원, 레스토랑, 노면전차, 버스 등에서 흑인이 격리되었다. 또한 주 혹은 지방 자치체에 행사되는 흑인들의 투표권을 박탈하는 것이었다. 백인 우월 사상을 바탕으로 흑인을 차별하고 격리하는 이 체제는 제2차 세계대전 이후 1964년에 공민권법이 제정되기까지 이어졌다.

한편, 쿠바에서는 1868년 10월에 시작된 제1차 독립 전쟁 과정에서 노예제 폐지 문제가 부상했다. 쿠바의 독립 선언문에는 보상책을 동반한 점진적인 노예제 폐지 항목이 포함되어 있었다. 다만, 이런 방식의 노예제 폐지는 이전부터 스페인 정부가 제안해온 것이었다. 참고로, 1869년 당시 쿠바의 총인구는 약 140만 명으로 그중 백인이 76만3,000명, 노예가 36만3,000명, 해방 노예가 23만9,000명 그리고 중국의 계약 노동 이민자가 3만4,000명이었다. 중국인의 이민에 대해서는 뒤에서도 다루겠지만 노예 노동을 대체할 새로운 노동력으로 기대를 모았다.

1870년 6월 스페인 정부는 '스페인령 앤틸리스 제도의 노예제 폐지를 위한 예비법' 통칭 모레 법Moret Law을 공포했다. 이 법률에서는 신생아와 고령 노예 그리고 스페인군에 참전한 노예를 해방

한다고 명시했다. 1878년 종결된 제1차 독립 전쟁에는 다수의 노예와 해방 노예가 참전했다. 그 결과 1886년 10월 쿠바의 노예제는 완전히 폐지되었다.

브라질에서는 1850년 노예무역이 금지된 이후 새로운 노예 수입은 없었지만 커피 생산은 꾸준한 성장세를 이어가고 있었다. 이를 뒷받침한 것이 국내의 노예 거래였다. 바이아를 비롯한 타 지역 노예들이 브라질 남동부의 커피 생산 지역으로 유입되었다. 그 규모는 1851~1885년에 30만~40만 명이었다고 한다.

한편, 19세기 후반에는 노예제 폐지 움직임도 빠르게 진행되었다. 그 계기가 된 것이 라플라타 지역의 영토 문제로 일어난 파라과이 전쟁(1864~1870년)이었다. 노예제의 존재가 군사 행동을 수행하는 데 걸림돌이 된 것이다. 노예는 아메리카의 남북 전쟁과 같이 군사 병력이 될 수 없었기 때문이다. 그리하여 1871년 성립한 리오 브랑코 법Rio Branco law에서는 신생아 노예의 조건부 해방을 규정했다.

1870년대 말부터 1880년대에 걸쳐 급진적 활동가들의 폐지운동과 노예 봉기 그리고 탈주와 같은 직접적인 행동이 일어났다. 호세 도 파트로시니오José do Patrocínio 등이 조직한 노예 해방 중앙 협회, 호아킴 나부코Joaquim Nabuco 등의 브라질 반노예제 협회가 결성되면서 각지에서 반노예제 운동이 고양되었다. 여기에 대해 정부는 사라이바·코테지피 법Saraiva-Cotegipe Law을 제정해 60세 이상의 고령 노예를 해방했다. 하지만 어디까지나 노예제 연장 정책이라는 거센 비난을 피할 수 없었다. 결국 1888년 5월 '노예제를 폐지하고 모든 노예법을 철폐한다'는 '황금법Golden Law'이 제정되었다.

이로써 1888년까지 카리브 해 제도를 포함한 남북 아메리카 전역에서 노예제가 철폐되었다.

2. 노예에서 이민으로——19세기의 인류 대전환

노예 노동에서 계약 노동으로

영국에 대한 이야기로 돌아가자. 노예가 완전히 해방된 이후, 영국령 서인도의 플랜테이션 경제는 전체적으로 매우 침체했다. 설탕 생산은 1824~1833년과 비교해 1839~1846년 약 36% 감소했다. 예컨대, 자메이카의 농장주 절반은 임금 노동제로 전환했으며 나머지 절반은 생산을 중단했다고 한다.

해방 직후, 대부분의 노예들은 플랜테이션 농장을 떠나 자급적인 생활을 시작했다. 자립에 실패해 원래 일하던 농장으로 돌아온 이들도 있었지만, 수 에이커 정도의 소규모 토지를 소유한 사람의 숫자는 자메이카뿐 아니라 서인도 전체에서 점차 늘어났다. 자메이카에서는 이런 사람들이 1845년 약 2만7,000명에서 1861년에는 5만 명 정도로 늘었다. 또 가이아나에서는 1851년 1만1,000개의 작은 농장에서 약 4만 명의 자유 흑인들이 생활하고 있다는 보고가 있었다.

이제까지 플랜테이션 경제를 지지해온 흑인 노예를 대체할 새로운 노동력이 필요해졌다. 1830년대 말부터 시작된 노동력 확보 시도로 프랑스와 독일의 가난한 노동자들이 트리니다드와 자메이카로 유입되었지만 대부분 플랜테이션 노동을 기피해 떠나거나 도망쳤다. 또 마데이라 제도에서 포르투갈인 약 3만 명이 가이아나로 건너왔지만 열대병에 걸려 목숨을 잃거나 플랜테이션 농장을 떠나 소매업 등으로 전업하는 사람도 많았다. 그 밖에도 자유 흑인의 인구가 밀집해 있던 바베이도스와 뉴욕 그리고 볼티모어 등에서 트리니다드로 유입되기도 했다. 하지만 위와 같은 예는 플랜테이션 경제를 지지하기에는 인력이 턱없이 부족했으며 유입된 후에도 플랜테이션을 떠나는 경우가 많았다.

또 다른 방법으로 제3장에서 살펴본 시에라리온 식민지의 해방된 아프리카인을 도입하는 방법이 있었다. 이 문제는 영국의 하원 특별위원회에서도 논의되어 해방된 아프리카인들로서도 서인도에서 자유노동자로 일하는 것이 바람직하지 않겠냐는 결론이 나왔다. 하지만 당시 해방 아프리카인들은 서인도행을 달갑게 여기지 않았다. 노예선의 끔찍한 항해를 떠올리거나 설탕 플랜테이션에 대한 좋지 않은 소문을 들었기 때문이다.

그럼에도 영국 정부는 이 계획을 추진하기 위해 그때까지 시에라리온의 해방 아프리카인들에게 제공했던 생활 보장을 중단하고 서인도로 가는 도항비를 지급하는 등의 정책을 시행했다. 그리하여 1840년대에 약 1만3,500명의 아프리카인이 서인도에 유입되었다. 한 추산에 따르면, 1834~1867년 3만7,000명의 해방 아프리카인이 서인도로 건너갔으며 1850년대 이후 그 수는 급격히 감소했다.

인도와 중국에서 온 계약 노동자

1870년 여름의 일이다. 인도 북부의 도시 러크나우에 모하메드 셰리프Mohamed sheriff라는 인물이 있었다. 영국인 장교의 하인이었던 그는 장교가 인도를 떠나면서 실업자가 되었다. 어느 날, 시장에서 만난 한 남자로부터 가이아나의 설탕 플랜테이션에서 인부를 구한다는 이야기를 들은 그는 가이아나행에 동의했다. 셰리프는 다른 인부 9명과 함께 캘커타로 가 같은 해 8월 25일 메데이아호Medea(1066톤)에 올랐다. 배에는 447명의 사람들이 타고 있었다. 남성 304명 외에 여성 91명, 아동 31명, 유아가 21명이었다. 87일간의 항해 도중 6명이 사망하고 5명의 아기가 태어났다.

셰리프가 맺은 계약에는 가이아나로 가는 도항비는 물론 귀환할 때에도 무료로 승선할 수 있는 내용이 포함되어 있었다. 계약 기간은 5년으로 일급은 28센트였다고 한다. 셰리프는 계약 기간이 끝난 후 5년 더 가이아나에 머물렀으며 그 후 인도로 돌아갔는지는 확실치 않다. 설탕 플랜테이션에서의 노동이 무척 힘들었던 듯

그림 4-8 트리니다드 인도인 노동자(1890년대. 서던메소디스트 대학교)
DeGolyer Library, Southern Methodist University

하지만 점차 적응했던 것으로 보인다.

1869~1870년 캘커타를 출항해 가이아나에 도착한 배는 15척으로, 약 6,700명이 유입되었다. 당시 가이아나에 도착한 약 5만 3,000명을 조사한 결과, 대부분 인도 출신이었으며 그중 70% 이상이 남성으로 3/4 이상이 계약 노동자였다.

이처럼 1850년대 이후 영국령 서인도에는 다수의 인도 출신 계약 노동자들이 유입되었다. 가장 먼저 인도 출신 노동자를 받아들인 곳은 인도양의 모리셔스로, 1829년부터 1850년까지 12만 명의 노동자들이 유입되었다. 모리셔스의 뒤를 이어 서인도가 인도에서 다수의 노동자를 도입한 것이다.

자메이카의 경우, 앞서 이야기했듯이 노예제 폐지 이전부터 설탕 생산이 쇠퇴하는 추세였다. 미개발 토지가 줄어든 탓이었다. 노예제가 폐지된 이후에도 약 5만7,000명의 계약 노동자가 유입되었지만 설탕 수출량은 계속해서 감소했다.

한편, 가이아나와 트리니다드는 새롭게 개발된 식민지로 비옥한 토지가 많았다. 가이아나는 1852~1908년 약 30만 명의 계약 노동자를 받아들여 새로운 토지를 개척하고 설탕 수출량을 270%나 늘렸다. 트리니다드도 1850~1880년 16만6,000명의 계약 노동자를 받아들여 마찬가지로 설탕 수출량을 270%나 늘렸다. 또한 중국에서도 아편 전쟁(1840~1842년) 이후인 1859~1866년 약 1만2,000명이 영국령 서인도로 건너왔지만 그 후 중단되었다.

　이처럼 영국령 서인도의 플랜테이션 노동력은 주로 인도에서 유입된 계약 노동자들이었다. 여기서 잠시 그들이 타고 온 배와 노예선의 차이점을 살펴보기로 하자.

　18세기 노예선의 평균적인 크기가 100~200톤이었다는 것은 제2장에서 이야기한 바 있다. 데이비드 노스럽David Northrup에 따르면, 1821~1843년 노예선의 평균적인 규모가 172톤이었던 것에 비해 1858~1873년 인도의 계약 노동자들을 태운 배는 평균 968톤으로 매우 규모가 큰 선박이었다는 것을 알 수 있다. 또 100톤당 실린 노예와 계약 노동자의 수를 비교하면 전자는 257명, 후자는 42명이다. 후자의 경우, 승선자들은 노예선과 달리 선창이나 갑판 위에서 비교적 자유롭게 행동할 수 있었으며 2층 침대에서 쉴 수도 있었다.

　하지만 인도에서 서인도까지의 항해 거리가 길었기 때문에 속도가 빠른 쾌속 범선으로도 약 3개월이 걸렸다. 그런 이유로 계약 노동자들의 항해 중 사망률은 1851~1870년 5% 전후로 같은 시기 노예선의 사망률보다 1~2% 낮은 정도였다.

한편, 중국 출신 계약 노동자들의 유입이 눈에 띄게 늘어난 것은 아편 전쟁 이후였다. 인구 증가(1850년에 약 4억3,000만 명), 토지 부족, 사회적 혼란 등이 중국인의 유입을 더욱 부추긴 것으로 보인다. 행선지는 여러 지역으로 퍼져 있었는데 서인도와 남아메리카로 좁히면 쿠바와 페루의 비중이 컸다. 노스럽에 따르면, 쿠바에는 1847~1873년과 1901~1924년에 총 13만8,000명의 중국인이 건너갔다. 페루에는 1849~1875년 11만7,000명의 중국인이 건너갔다.

중국 출신의 계약 노동자들은 아모이, 마카오, 광둥, 홍콩 등을 거점으로 활동하는 중국인 중개인의 주선 혹은 불법 납치당해 배에 태워졌다. 1874년 쿠바 주재 중국인 판무관이 시행한 현지 조사에 따르면, 조사에 응한 중국인의 80%가 출항 전 납치되거나 속아서 쿠바에 오게 되었다고 증언했다. 80%라는 숫자가 지나치게 과장된 것이라는 견해도 있지만 그들의 처우는 선상에서나 현지의 플랜테이션 농장에서나 노예와 크게 다르지 않았을 것이라 추정된다.

예컨대, 페루로 향하던 마리아 루스María Luz호의 악명은 널리 알려져 있다. 1872년 마카오를 출발해 페루로 향하던 중 기항한 일본 요코하마 항에서 배에 탄 중국인 231명을 노예로 판단한 일본 정부가 이들을 풀어주었다. 이 사건은 국제 재판으로 발전했다. 재판의 주도권은 일본이 쥐고 있었다. 그 결과, 이민 계약 내용은 노예 계약이며 인도주의에 반하는 것이었기 때문에 무효라는 판결이 내려지고 중국인들은 고향으로 돌아갔다.

참고로, 중국에서 쿠바로 향하는 이민선의 사망률은 1847~1860년 약 15%로 노예선의 사망률보다도 높았던 것을 알 수 있다. 또 쿠바의 한 설탕 플랜테이션에서는 노예제 폐지 이전부터 흑인 노예 452명, 중국인 125명이 일하고 있었다. 중국인들이 새로운 '중간 항로'의 고통을 겪으며, 그야말로 노예나 다름없이 일했다는 것을 알 수 있다.

브라질의 계약 노동자

브라질에서도 노예제 폐지 전부터 이민 노동자들을 도입했다. 특히, 커피 플랜테이션에는 많은 유럽계 이민자들이 동원되었다. 브라질 전체의 이민자 유입 수는 1870년대에 19만 명이었으나 1880년대에는 45만 명, 1890년대에는 121만 명으로 크게 늘었다.

커피 생산량은 리우데자네이루가 월등히 앞서다 1880년대에는 상파울루가 추월했다. 노예제 폐지를 예견한 상파울루 주 정부가 도항비를 지원하는 등의 정책으로 이민 노동자를 적극적으로 받아들인 결과였다. 상파울루의 이민 노동자 자료(1827~1939년)를 보면, 이탈리아에서 95만 명, 포르투갈에서 45만 명, 스페인에서 38만 명, 일본에서 19만 명이 유입되었다. 그 결과, 20세기 초 상파울루는 브라질 커피 생산량의 약 70%를 차지하기에 이른다. 노예에서 이민으로의 이행이 비교적 순조롭게 진행된 사례이다.

그들은 '코로노Colono'라고 불리는 계약 노동자로, 계약 기간은 보통 5년이었다. 또한 안정적인 이민 노동력을 확보하기 위해 구성 가족이라는 방식을 만들어냈다. 이것은 부부와 12세 이상의 자녀를 포함한 3인 이상의 노동력을 확보하는 방법으로 단신이 아닌 가족이 함께 생활하며 일할 수 있기 때문에 농장주나 이민자들에게도 양호한 제도였던 듯하다.

다만, 노예 신분에서 해방된 흑인 노동자도 플랜테이션에서 함께 일했기 때문에 노동 조건은 열악했을 것이다. 임금은 각자가 키운 커피나무 성목의 수로 계산하고 수확한 커피 열매의 중량이 표준보다 더 많이 나가면 성과급이 추가되었다. 즉, 생산성이 높으면 수입도 늘어나는 구조를 만든 것이다. 이렇게 모은 돈으로 땅을 구입해 자작농이 되는 사람도 있었다.

노예무역 금지와 아프리카 분할

노예선이 대서양을 횡행하던 시대는 끝났지만 역설적으로 노예무역 금지가 유럽 열강의 식민지주의를 정당화하는 구실이 되었다. 그 선두가 영국 정부와 해군이었다. 시에라리온 식민지의 형성 과정에 대해서는 앞에서도 살펴보았지만 다시 한 번 이 점을 짚어보고자 한다.

서아프리카의 베냉 만 기슭에 위치한 라고스는 일찍이 대서양 노예무역의 거점으로 19세기 중반에도 노예무역이 계속되던 곳이다. 1850년 영국의 파머스턴Henry John Temple Palmerston 외상은 해군 사령관에게 라고스 왕과 노예무역 금지 조약을 체결할 것을 명하고 만약 왕이 거부할 경우에는 무력 사용도 마다하지 않겠다는 말을 덧붙였다.

라고스 왕이 조약 체결을 거부하자 영국 해군은 해상 봉쇄를 감행하고 라고스 왕을 공격해 승리했다. 왕을 퇴위시키고 이전 왕이었던 아키토예Akitoye를 복위시켜 그와 노예무역 금지 조약을 체결했다. 라고스 공격 소식이 영국에 전해지자 내정 개입이라고 비판하는 목소리도 있었지만 노예무역을 제압한다는 목적이 수단을 정당화했다. 영국 해군의 무력 공격은 노예무역 제압이라는 대의를 위해 불가피한 선택이었다는 것이다.

파머스턴은 1851년 '해적과 약탈의 소굴인 라고스를 파괴하는 것은 문명화된 모든 국민에게 맡겨진 의무'라고 표명했다. 노예무역을 해적 행위라고 단정한 것은 수사修辭 이상의 실천적인 의미를 담고 있었다. 국제법상 해적은 인류 공통의 적으로 간주했기 때문이다. 전 세계 어디에서나 해적 행위＝노예무역은 용서받을 수 없는 활동인 것이다.

또한 아프리카 제국에 대해 영국이 취해야 할 자세는 흡사 어른이 어린아이를 대하는 자세와 같다고 여겼다. 말하자면, 영국인은 '아프리카인에게 좋은' 방향을 알려주고 이끌어줄 수 있다는 생각이었다. 노예무역 금지는 아프리카인에게 좋은 방향이었다. 아프리카를 '문명화'한다는 논리로 아프리카에 대한 개입을 정당화한 것이다.

　영국의 방식을 모방한 유럽 열강은 노예무역 금지의 깃발을 내걸고 아프리카 연안에서 내륙으로 침략했다. 1884년 격화되는 식민지 경쟁을 조정하기 위해 비스마르크가 주재한 베를린 회의에서는 14개 열강에 의한 '아프리카 분할' 원칙이 공식화되었다. 1889년 열린 브뤼셀 회의에서는 노예무역 금지가 아프리카에 대한 외교 정책의 중심이 되었다.

3. 마치며

노예제는 끝나지 않았다

　아메리카합중국은 1865년, 쿠바는 1886년, 브라질은 1888년에 노예제가 폐지되면서 남북 아메리카의 노예제는 종식되었다. 이로써 전 세계의 노예제가 사라진 것일까.

　실은 그렇지 않다. 지금도 노예제는 존재하고 있다. 케빈 베일스Kevin Bales는 1999년의 저작『글로벌 경제와 현대 노예제』에서 현대의 노예제를 '신 노예제'라고 부르며 구 노예제와 구별했다. 그리고 '신 노예제는 구 노예제에서 볼 수 있는 전통적인 의미의 〈인간 소유〉가 아닌 완전한 〈인간 지배〉이다. 인간은 돈을 벌기 위한 철저한 〈일회용 도구〉가 된다'고 규정했다. 신 노예제의 희생

양은 압도적으로 취약한 처지에 있는 여성과 아이들이다.

베일스에 따르면, 전 세계에 존재하는 노예의 수는 적게 잡아도 2,700만 명으로 그중 1,500만~2,000만 명이 인도, 파키스탄, 방글라데시, 네팔의 채무 노예라고 한다. 그 밖에 동남아시아, 북·서아프리카, 남아메리카 지역에 집중되는데 아메리카합중국, 유럽, 일본 등의 선진국 혹은 세계 어느 나라에든 노예는 존재한다는 것이다.

또한 그는 2016년의 저작 『환경 파괴와 현대 노예제』에서 전 세계의 노예 수를 4,580만 명으로 상향 수정했다. 즉, 현대의 노예 수가 제1장에서 살펴본 대서양 노예무역 시대에 아프리카에서 납치된 흑인의 수보다 훨씬 많다는 것이다.

『글로벌 경제와 현대 노예제』로 돌아가면 가장 많은 노예 노동력이 투입된 산업은 농업이며 그 밖에 벽돌공, 광부, 석수, 매춘, 보석 가공, 의복 제작, 카펫 제조, 가사 노동 등이 있다. 전 세계 소비자들이 노예가 만든 상품이나 서비스를 이용한다. 거대 글로벌 기업이 더 많은 이익을 얻기 위해 발전도상국에 자회사를 세우고 노예 노동력을 이용한다. 인간을 노예화하는 데 인종, 민족, 종교, 피부색 따위는 아무 관련 없다. 노예 소유자는 전 세계 어디서든 약하고 가난하고 속이기 쉬운 이들을 노린다.

세계 경제의 글로벌화로 제3세계의 전통적인 가족 그리고 그들을 지탱해온 소규모 농업이 해체되고 생업을 잃은 사람들은 노예로 전락한다. 노예 소유자는 노예로부터 최대한의 노동력을 착취한 후 버린다. 즉, 한 사람이 노예로 쓰이는 기간이 짧아지고 소용

가치가 사라지면 과감히 버려진다는 것이다.

베일스는 현대 노예제의 형태를 자산 노예제, 채무 노예제, 계약 노예제의 세 가지로 구분했다. 자산 노예제는 구 노예제와 가장 유사한 형태이다. 포로가 되거나 노예로 팔려 예속적 관계에 매인다. 이런 형태는 북서 아프리카나 아랍 제국에서 주로 볼 수 있으며 신 노예제 중에서 가장 낮은 비율을 차지한다.

채무 노예제는 돈을 빌리면서 자신이나 가족 특히 자녀를 담보로 제공하는 형태이다. 다만, 고용 기간이나 노동의 내용이 확실히 정해져 있지 않고 노동을 한다고 해서 채무가 줄어든다는 확신도 없다. 인도, 파키스탄, 태국 등에 많은 형태이다.

계약 노예제는 작업장이나 공장에서의 고용을 보증한다는 계약을 맺고 작업장에 도착해 처음 노예가 된 것을 깨닫는 경우이다. 계약이 사람들을 노예제로 유인하고 노예제를 합법적으로 보이게 하는 수단이 된다. 이 형태는 동남아시아, 브라질, 아랍 제국, 인도반도에서 볼 수 있다.

이들 모두 폭력에 의해 혹은 착취라는 목적을 위해 스스로의 의사에 반해 자유를 구속당한다.

태국과 브라질

베일스에 따르면, 태국에는 약 3만5,000명의 노예 매춘부가 있다고 한다. 대부분 태국 북부의 도시에서 끌려온 소녀들이다. 중개인들은 그들의 부모와 가격을 흥정한다. 한 15세 소녀는 240만 원가량의 가격이 매겨졌다. 중개인과 부모가 주고받은 계약서에는 이 돈은 딸이 벌어서 갚을 것이며 빚을 다 갚을 때까지 휴가를 받지 못하고 집에 돈을 보낼 수도 없다고 쓰여 있다. 하지만 터무니없이 비싼 이자를 붙여 도저히 빚을 갚을 수 없는 지경에 이르기도 한다. 당초 240만원의 빚을 진 소녀는 중개인에 의해 남부로 끌려가 매춘업소에 480만원에 팔렸다. 그곳에서도 소녀의 빚은 배로 불어났다고 한다.

채무 노예가 된 소녀들은 매춘업소 주인과 포주에 의해 완전히 종속된다. 돈을 벌 수 있는 동안은 매춘업소에 격리되어 폭력에 의해 지배된다. 도망치거나 저항하면 구타당하고 빚이 불어난다. 시간이 지나 소녀가 저항을 포기하고 순순히 따르게 되면 포주는 '빚은 다 갚았으니 이제 집에 송금해도 된다'라고 말한다. '빚을 다 갚았다'는 말은 계산이 아니라 포주의 재량에 달려 있었다. 이런 식으로 포주는 소녀들을 쥐락펴락했다.

한편, 베일스는 노예제가 폐지된 브라질의 광대한 국토 한 구석에 여전히 노예제가 존재하고 있다고 말했다. '새로운 노예제는 오랜 규범과 전통적인 생활이 무너진 곳에서 꽃을 피운다'는 것이다.

그런 무대 중 하나가 브라질 서부의 마투그로수두술Mato Grosso do Sul이다. 이 지역에서는 제철 공장에서 사용하는 석탄을 생산한다. 노동자들은 멀리 떨어진 미나스제라이스에서 데려온다. 노동자를 모집하는 취업 알선업자는 가토Gato라고 불린다. 가토는 가

축용 트럭을 몰고 미나스제라이스의 빈민가를 돌아다니며 남성들을 모집하고 가족 단위로 지원해도 좋다고 선전한다. 가난에 찌든 남성들은 가토의 이야기에 귀가 솔깃해진다. 가토는 급료나 식사 등에 대해 매력적인 조건을 늘어놓는다. 가토는 금세 사람들을 가득 실어 서부로 데려간다.

숯가마장에 도착해서야 그들은 총을 든 남자들에 포위되어 있다는 것을 깨닫는다. 가토는 그들에게 '너희는 나에게 빚을 졌다. 교통비며 식비 게다가 가족들에게 건네준 돈—그러니 도망갈 생각은 꿈도 꾸지 말라'고 말한다. 이 순간 그들은 브라질의 시민이 아닌 노예가 된다. 그들은 숯가마장에서 도망치거나 불평도 하지 못하고 급료는커녕 가족을 만나러 가지도 못한 채 매일 강제 노동에 시달린다. 빚이 남아 있다는 구실로 빚을 전부 갚을 때까지 일해야만 했다. 하지만 수개월이 지나도록 빚이 얼마나 남았는지 알지 못한다. 실은 빚이 계속 남아있게끔 꾸미는 경우가 많다.

단, 가토와 그 고용주는 노동자를 소유하려는 것이 아니다. 최대한 노동력을 착취하고 버리면 그만이라고 생각한다. 노동자들은 기껏해야 2년 정도면 버려진다. 가혹한 노동에 기력이 다하거나 병에 걸리는 경우도 많기 때문이다.

현대 세계의 노예선

시모야마 아키라下山晃는『세계 상품과 어린이 노예』에서 서아프리카 코트디부아르의 카카오 농장에서 일하는 어린이 노예들에 대한 주의를 촉구하며 다음과 같은 반대 포스터의 문구를 소개했다.

'초콜릿의 달콤함은 노예제도의 쓰디쓴 경험을 감추지 못한다. 초콜릿의 원료인 카카오 농장에서 일하는 어린이들은 속거나 팔려와 가혹한 노동에 혹사당한다. 10만9,000명 이상의 아이들이 카카오 농장에서 '최악의 형태의 아동 노동'에 직면해 있다.'

코트디부아르산 카카오는 전 세계 생산량의 40% 이상을 차지한다. 그 밖에 가나와 나이지리아에서도 카카오 생산이 번성했다. 이런 나라에는 가까운 말리, 부르키나파소, 토고 등에서 팔려온 고아나 아동들이 노예가 되어 카카오를 재배한다고 한다.

이것과 관련해 2001년 4월 24일자 『요미우리 신문』의 기사가 주목받았다. 같은 내용의 기사가 같은 해 4월 18일자 『마이니치 신문』에도 실렸다. 그 기사에 따르면, 나이지리아 선적 'MV 에티레노 MV Etireno'호가 3월 30일 노예로 구입한 어린이들을 싣고 베냉의 코토누를 출항해 가봉으로 향했지만 입국을 거부당했다. 카메룬에서도 입국을 거부당해 결국 4월 17일 코토누로 귀항했다고 한다.

베냉의 정부계 신문이 '배에는 대농장에서 노예로 부리기 위해 매매된 최대 250명의 아동이 타고 있었다'고 보도하면서 큰 문제가 되었다. 그 후 경찰 조사를 통해 아동 40명이 타고 있었던 것이 확인되었다. 대부분 부모와 함께 새로운 나라에서 살기 위해 배에 오른 아이들이었지만 토고나 말리에서 온 수명의 아이들이 단독으로 타고 있었다는 것이다. 현지의 국제연합UN 관계자는 '(항해 도중)아이를 바다에 던진 것은 아닌지' 의심했다.

18세기의 노예선 종호와 같은 사태가 현대에서 일어났을 수도 있었다. 시모야마에 따르면, 그 후의 조사로 배에 탔던 아이들이 코트디부아르의 카카오 농장에 팔려가던 중이었다는 사실이 밝혀졌다.

유니세프나 인권 단체에 따르면, 서아프리카에서는 어린아이들이 노예 상인에 의해 1명당 15달러에 코코아나 커피 농장에 팔리고 소녀들은 성노예가 되는 경우도 있다고 한다. 가나 대학교의 나나 브루쿰Nana Brukum 역사학부장은 '과거 노예 해안으로 불리던 서아프리카에서는 16세기부터 19세기에 걸쳐 1,000만 명 이상이 남북 아메리카와 카리브 해 제국으로 수출되었다. 수출지가 바뀌었을 뿐 인신매매는 그 시대부터 계속되고 있다'고 지적했다.

현대판 노예제의 실태를 폭로·고발하고 근절하기 위한 활동을 벌이는 국제 조직이 런던에 본거를 둔 '국제 반노예제 연합Anti-Slavery International'이다. 1823년 런던에서 결성된 반노예제 협회에 기원을 둔 이 조직은 1839년 조셉 스터지 등에 의해 '영국 및 외국의 반노예제 협회'로 결성되어 이듬해인 1840년 런던에서 반노예제 국제회의를 개최했다. 그 후, 오늘날까지 노예제·강제 노동·노예 거래를 뿌리 뽑기 위해 오랫동안 열정적인 활동을 전개해왔다.

홈페이지(www.antislavery.org)에는 한 15세 소녀의 이야기가 실려 있다. 나이지리아 출신의 소녀는 한 여성의 손에 이끌려 영국으로 건너왔다. 영국에 도착한 첫날 한 남자가 방으로 들어와 그녀를 겁탈했다. 그날 이후 그녀는 매춘부가 되어 매일 여러 명의 남성을 상대해야 했다.

이처럼 현대에도 노예제는 전 세계에 널리 퍼져 있다. 인신매매와 노예무역이 활발히 이루어지고 노예선이 발각되는 경우도 있었다. 노예선이나 노예제는 과거의 문제가 아니다. 국제 노동 기구ILO의 보고에도 2016년 시점에 약 4,030만 명의 현대판 노예가 존재한다고 나와 있다.

2018년 12월, 오스트레일리아에서는 '현대 노예법'이 성립했다. 자국에서 사업을 전개하는 연 매출 1억 호주 달러(약 800억 원) 이상의 기업과 그 거래처까지 포함해 매년 강제 노동 방지책 등을 보고하도록 의무화한 것이다. 당연히 현지에서 사업을 전개하는 일본의 기업도 포함된다. 강제 노동이나 아동 노동과 같은 인권 침해를 막기 위해 강구한 대책이다. 정부의 보고서는 인터넷에 공개된다. 같은 법률이 이미 캘리포니아 주(2012년), 영국(2015년), 프랑스(2017년) 등에서도 제정되었다.

강제 노동이나 인권 침해 등에 대한 기업의 자세와 대처가 일반에 공개되며 문제가 있는 기업은 소비자와 주주로부터 지지를 잃는 것이다. 과거 영국의 폐지론자들이 전개한 설탕 불매운동과 같이 소비자들이 감시의 눈을 빛내며 전 세계적으로 만연한 노예 노동과 아동 노동 등에 반대의 목소리를 내는 것이 무엇보다 중요하다.

후기

　나는 원래 역사를 별로 좋아하지 않았다. 고교 시절에는 일본사보다 세계사를 좋아하긴 했지만 그래도 역사보다는 화학에 더 흥미가 있었다. 대학에서는 화학공학을 전공했다. 대학 입학이 1968년이었던 것이 인생의 갈림길이 되었는지도 모른다. 일본 전역에서 발생한 공해 문제로 4대 공해 소송이 진행 중이던 때였다. 원고 측 변호사가 대학의 초청을 받아 학술회의를 열기도 했다. 순수하게 화학만 공부하고 있을 수만은 없었다.

　대학 졸업 후, 민간 기업에 취직해 개발 설계 등을 담당했지만 6년쯤 다니다 퇴사했다. 본격적으로 경제학을 공부하고 싶었기 때문이다. 처음에는 독학으로 공부하다 차츰 내 능력을 시험해보고 싶은 마음에 도시샤 대학교 대학원에 진학하기로 했다. 석사 논문 주제로 칼 폴라니Karl Polanyi를 선택했다. 하지만 더 이상 나아갈 길이 보이지 않았다. 아프리카에 대한 연구를 하고 싶었지만 현지 조사를 하기에는 너무 멀었다.

　고심 끝에 박사 과정 주제로 선택한 것이 대서양 노예무역이었다. 처음 읽은 책이 제1장에서 소개한 에릭 윌리엄스의『자본주의와 노예제도』그리고 필립 D. 커틴의『대서양 노예무역—그 통계적 연구』였다. 유럽과 아프리카, 신대륙의 광대한 세계가 펼쳐져 있었다. 그로부터 30년 넘게 연구를 계속해왔다.

그리고 작년 3월경, 이와나미서점 편집부의 스기타 씨로부터 『노예선의 세계사』라는 제목으로 신서를 써보지 않겠냐는 의뢰를 받았다. 처음에는 솔직히 망설여졌다. '대서양 노예무역사' 같은 주제라면 전부터 한 번 정리해보고 싶다는 생각이 있었지만 '노예선'이라니, 내가 쓸 수 있을지조차 의문이었다. 일주일 정도 생각할 시간을 갖기로 했다. 고민 끝에 내린 결론은 긍정적인 쪽이었다. 노예선에 초점을 맞춤으로써 오히려 대서양 노예무역과 노예제 또는 노예제 폐지운동에 관련한 인간의 활동을 생생히 그려낼 수 있을 것이란 생각에 제안을 수락했다.

노예선 항해에 대해서는 TSTD 1, 2의 자료를 활용해 구체적으로 살펴볼 수 있었다. 존 뉴턴이나 에퀴아노에 관해서는 전기도 출간되어 있었기 때문에 그들의 생애와 활동을 그려볼 수 있었다. 영국의 노예무역과 노예제 폐지에 대해서는 과거에 쓴 논문을 참조해 알기 쉽게 정리하면 좋을 것이라 생각했다. 하지만 영국만으로는 세계사라고 말할 수 없었다. 가능한 한 여러 나라의 상황을 살펴볼 필요가 있어 나로서는 새로운 도전이었다.

대서양 노예무역사 연구를 시작한 이래 여러모로 도움을 받은 분이 있다. 류코쿠 대학교의 이케모토 고조池本幸三 명예교수이다. 아낌없는 조언과 함께 귀중한 자료도 빌릴 수 있었다. 이번에도 '아미스타드호 사건'에 관한 자료를 제공해주셨다. 또 대학원 시절 지도해주신, 지금은 세상을 떠난 이리에 세쓰지로入江節次郎 교수

님 그리고 후지무라 유키오藤村幸雄 교수님께도 감사드린다. 이 책을 세 분의 교수님께 바치고 싶다.

이 책을 집필할 때 TSTD 2를 기초 자료로 이용했다는 것은 앞서 이야기했지만 홈페이지에 들어가 보니 더욱 진전된 상황을 확인할 수 있었다. 노예선의 항해 건수가 3만6,000건으로 늘었으며 대서양 노예무역뿐 아니라 남북 아메리카(카리브 해 제도를 포함한) 간의 노예무역 자료도 포함되어 있었다. 아미스타드호에 관한 자료도 검색할 수 있었다.

또 한 가지, 흥미로운 논문이 발표되었다. 네이선 넌Nathan Nunn의 「노예무역은 아프리카에 어떤 영향을 미쳤는가」(재레드 다이아몬드/제임스 A. 로빈슨 편저 『역사는 실험할 수 있는가―자연 실험이 밝히는 인류사』 고사카 에리 역, 게이오기주쿠대학 출판회, 2018년)이다. 이 논문의 최종적인 결론은 '아프리카에서도 특히 많은 노예가 연행된 지역은 오늘날 아프리카에서 가장 가난한 지역이라는 것이 확인되었다'였다. 앞으로도 깊이 생각해보아야 할 과제이다.

마지막으로 이와나미서점 편집부의 스기타 모리야스 씨에게는 목차 작성부터 문장 교열, 도표 작성 등 처음부터 끝까지 큰 도움을 받았다. 이 책은 스기타 씨와 나의 공동 작업의 성과라고 해도 과언이 아니다. 다시 한 번 감사의 마음을 전하고 싶다.

2019년 6월 도요나카에서
후루가와 마사히로

주요 참고 문헌

· 주라라(Gomes Eanes de Zurara) 「기니 발견과 정복에 관한 연대기(ギネー発見 征服誌)」조난 미노루(長南実) 역, 『서아프리카 항해의 기록(西アフリカ航海の記 録)』대항해 시대 총서 제1기 2권, 이와나미서점, 1967년
· 올라우다 에퀴아노(Olaudah Equiano) 『아프리카인 올라우다 에퀴아노의 홍미로 운 인생 이야기(アフリカ人、イクイアーノの生涯の興味深い物語)』구노 요이치 (久野陽一) 역, 겐큐샤, 2012년
· 이케모토 고조(池本幸三)·후루가와 마사히로(布留川正博)·시모야마 아키라(下山 晃) 『근대 세계와 노예 제도―대서양 체제 안에서(近代世界と奴隷制―大西洋シス テムの中で)』진분쇼인, 1995년
· 이케모토 고조 「역사로서의 아미스타드호 사건(歴史としてのアミスタッド号事 件)」상, 『류코쿠 대학 경영학 논문집(龍谷大学経営学論集)』제39권 제3·4호, 2000 년 3월
· 이토 슌타로(伊東俊太郎) 『12세기 르네상스―서구 세계의 아랍 문명의 영향(十二世 紀ルネサンス―西欧世界へのアラビア文明の影響)』이와나미서점, 1993년. 고단 샤학술문고, 2006년
· 에릭 윌리엄스(Eric Eustace Williams) 『자본주의와 노예제도―흑인사와 영국 경 제사(資本主義と奴隷制―ニグロ史とイギリス経済史)』나카야마 다케시(中山毅) 역, 리론샤, 1978년
· 에릭 윌리엄스 『콜럼버스부터 카스트로까지―카리브 해역사, 1492-1969(コロンブス からカストロまで：カリブ海域史、1492-1969)』Ⅰ·Ⅱ, 가와키타 미노루(川北稔) 역, 이와나미현대선서, 1978년. 이와나미현대문고, 2014년
· I. 월러스틴(I. Wallerstein) 『근대 세계 체제―농업 자본주의와 '유럽 세계 경제'의 성립(近代世界システム―農業資本主義と「ヨーロッパ世界経済」の成立)』Ⅰ·Ⅱ, 가와키타 미노루 역, 이와나미현대선서, 1981년. 신판, 나고야대학출판회, 2013년

· 제임스 월빈(James Walvin)『노예제를 산 남자들(奴隷制を生きた男たち)』이케
　다 도시호(池田年穂) 역, 스이세이샤, 2010년
· D. 엘티스(D. Eltis)/D. 리처드슨(D. Richardson)『환대서양 노예무역 역사 지도
　(環大西洋奴隷貿易歷史地図)』마스이 시쓰요(増井志津代) 역, 도요쇼린, 2012년
· 가사이 도시카즈(笠井俊和)『선원을 통해 보는 대서양 세계―영국령 식민지 보스턴
　의 선원과 무역의 사회사(船乗りがつなぐ大西洋世界―英領植民地ボストンの船
　員と貿易の社会史)』고요쇼보, 2017년
· 알비세 카다모스트토(Alvise Cadamosto)「항해의 기록(航海の記録)」가와시마 히
　데아키(河島英昭) 역, 『서아프리카 항해의 기록(西アフリカ航海の記録)』대항해
　시대 총서 제1기 2권, 이와나미서점, 1967년
· 구마시로 오사무(神代修)『쿠바사 연구―선주민 사회부터 사회주의 사회까지(キュ
　ーバ史研究―先住民社会から社会主義社会まで)』분리카쿠, 2010년
· 고지마 히데키(児島秀樹)「다호메이의 자패 통화와 노예무역(ダホメの宝貝通貨と
　奴隷貿易)」『메이세이 대학 경제학 연구기요(明星大学経済学研究紀要)』제37권
　제1호, 2005년 12월
· 콜럼버스『콜럼버스 항해기(コロンブス航海誌)』하야시야 에이치키(林屋永吉) 역,
　이와나미문고, 1977년
· 카렌 제너트(Karen Zeinert)『아미스타드호의 반란(アミスタッド号の反乱)』구로
　키 미쓰요(黒木三世) 역, 즈이운샤, 1998년
· C. L. R. 제임스(C. L. R. James)『블랙 자코뱅―투생 루베르튀르와 아이티혁명(ブラ
　ック·ジャコバン―トゥサン ルヴェルチュールとハイチ革)』아오키 요시오(青木
　芳夫) 감역, 기무라서점, 1991년
· 로널드 시걸(Ronald Segal)『블랙 디아스포라―세계의 흑인이 만든 역사·사회·문
　화(ブラック·ディアスポラ―世界の黒人がつくる歴史·社会·文化)』도미타 도라
　오(富田虎男) 감역, 아카시서점, 1999년
· 시모야마 아키라『세계 상품과 어린이 노예―다국적 기업과 아동 강제노동(世界商品
　と子供の奴隷―多国籍企業と児童強制労働)』미네르바쇼보, 2009년
· 데이비드 다비딘(David Dabydeen)『대영제국의 계급·인종·성―W. 호가스로 보
　는 흑인의 도상학(大英帝国の階級·人種·性―W·ホガースにみる黒人の図像学)』

마쓰무라 다카오(松村高夫)·이치하시 히데오(市橋秀夫) 역, 도분칸출판, 1992년

· 다무라 다다시(田村理)「영국 노예무역 폐지운동사 연구의 사정―'윌리엄스 이론', '도덕 자본'론을 넘어(イギリス奴隷貿易廃止運動史研究の射程―「ウィリアムズ理論」,「モラル資本」論をこえて)」『홋카이도대 사학(北大史学)』 제50호, 2010년 12월

· 다니엘 디포(Daniel Defoe)『로빈슨 크루소(ロビンソン·クルーソー)』상, 히라이 마사오(平井正穂) 역, 이와나미문고, 1967년

· 도쿠시마 다쓰로(德島達朗)『폐지론 연구―'과거와 마주하다': 강제 연행·노예제(アボリショニズム研究―「過去と向き合う」:強制連行·奴隷制)』아즈사출판사, 2002년

· 나가사와 세리카(長澤勢理香)『18세기 후반의 영국 노예무역의 지불 수단 및 그 중요성(18世紀後半におけるイギリス奴隷貿易の支払手段およびその重要性)』도시샤대학·학위논문, 2013년 3월

· 나가사와 세리카「노예 요인―대서양 노예무역에서의 현지 노예 판매인의 역할(奴隷ファクター―大西洋奴隷貿易における現地在住奴隷販売人の役割)」『사회경제사학(社会経済史学)』제82권 제1호, 2016년 5월

· 나미카와 요코(並河葉子)「영국의 반노예제 운동과 여성(イギリスにおける反奴隷制運動と女性)」『고베시 외국어대학교 외국학 연구(神戸市外国語大学外国学研究)』제85호, 2013년 3월

· 존 뉴턴(John Newton)『〈어메이징 그레이스〉이야기―가스펠에 숨겨진 노예상인의 자전(「アメージング·グレース」物語―ゴスペルに秘められた元奴隷商人の自伝)』나가사와 유키에(中澤幸夫) 편역, 사이류샤, 2006년

· 찰스 H. 하스킨스(Charles H. Haskins)『12세기 르네상스(十二世紀ルネサンス)』노구치 요지(野口洋二) 역, 소분샤, 1985년

· 제임스 M. 바더맨(James M. Vardaman)『아메리카 흑인의 역사(アメリカ黒人の歴史)』모리모토 도요토미(森本豊富) 역, NHK 출판, 2011년

· 하마 다다오(浜忠雄)『카리브의 물음―아이티 혁명과 근대 세계(カリブからの問い―ハイチ革命と近代世界)』이와나미서점, 2003년

· 히라타 마사히로(平田雅博)『내부의 제국·내부의 타자―재영 흑인의 역사(内なる帝国·内なる他者―在英黒人の歴史)』고요쇼보, 2004년

· 후지이 마리(藤井真理)『프랑스·인도 회사와 흑인 노예무역(フランス·インド会社

と黒人奴隷貿易)」규슈대학출판회, 2001년
· 후루가와 마사히로「아시엔토 노예무역사―영국 남해 회사의 스페인령 아메리카로
의 노예무역을 중심으로(アシエント奴隷貿易史―イギリス南海会社のスペイン
領アメリカへの奴隷貿易を中心として)」(1) (2)『경제학논집(経済学論叢)』(도시
샤 대학교) 제36권 제2호, 제3·4호, 1985년 9월, 11월
· 후루가와 마사히로「15·16세기 포르투갈 왕국의 흑인 노예제―근대 노예제도의 역사
적 원상(15·16世紀ポルトガル王国における黒人奴隷制―近代奴隷制の歴史的現
像)」(1) (2)『경제학논집』(도시샤 대학교) 제40권 제2호, 제3호, 1988년 11월, 1989
년 2월
· 후루가와 마사히로「윌리엄스 테제 재고―영국 산업혁명과 노예제(ウィリアム
ズ·テーゼ再考―イギリス産業革命と奴隷制)」『사회과학(社会科学)』(도시샤 대
학교) 제46호, 1991년 3월
· 후루가와 마사히로「영국의 노예무역 폐지운동―London Abolition Committee
의 활동을 중심으로(イギリスにおける奴隷貿易廃止運動―London Abolition
Committeeの活動を中心に)」『류코쿠 대학교 경영학논집(龍谷大学経営学論
集)』제37권 제4호, 1998년 3월
· 후루가와 마사히로「에릭 윌리엄스의 '쇠퇴이론' 재고―노예무역 폐지기의 영국령 서
인도의 경제(エリック·ウィリアムズの衰退理論再考―奴隷貿易廃止期における
英領西インドの経済)」『경영학논집』(도시샤 대학교) 제54권 제4호, 2003년 3월
· 후루가와 마사히로「영국의 노예제 폐지론과 시에라리온 식민지(イギリスのアボリ
ショニズムとシエラ·レオネ植民地)」『경제학논집』(도시샤 대학교) 제57권 제4
호, 2006년 3월
· 후루가와 마사히로「근대 노예제 붕괴로의 전주곡―19세기 전반 브라질의 노예무역
과 폐지(近代奴隷制崩壊へのプレリュード―19世紀前半におけるブラジルの奴
隷貿易とその廃止)」이케모토 고조 엮음,『근대 세계의 노동과 이주―이론과 역사
의 대화(近代世界における労働と移住― 理論と歴史の対話)』아운샤, 1992년
· 후루가와 마사히로「19세기 전반 시에라리온의 해방 아프리카인(19世紀前半シエラ
·レオネにおける解放アフリカ人)」『경제학논집』(도시샤 대학교) 제60권 제3호,
2008년 12월

· 후루가와 마사히로「영국의 노예제 폐지운동―점진적 폐지부터 즉시 폐지로(イギリスにおける奴隷制廃止運動―漸進的廃止から即時廃止へ)」『경제학논집』(도시샤 대학교) 제62권 제1·2호, 2010년 9월

· 후루가와 마사히로「영국의 고용 노동자 제도의 폐지, 1834-38년(イギリスにおける年季奉公人制の廃止, 1834-38年)」『경제학논집』(도시샤 대학교) 제64권 제3호, 2013년 3월

· 후루가와 마사히로「대서양 노예무역의 새로운 자료의 역사적 의의(大西洋奴隷貿易の新データベースの歴史的意義)」『도시샤 상학(同志社商学)』제66권 제6호, 2015년 3월

· 후루가와 마사히로「노예제와 노예무역으로 본 브라질(奴隷制と奴隷貿易からみたブラジル)」도미노 미키오(富野幹雄) 엮음, 『글로벌화 시대의 브라질의 실상과 미래(グローバル化時代のブラジルの実像と未来)』고로샤, 2008년

· 페르낭 브로델(Fernad Braudel)『지중해(地中海)』전10권, 하마나 마사미(浜名優美) 역, 후지와라서점, 1999년

· 케빈 베일스(Kevin Bales)『글로벌 경제와 현대 노예제(グローバル経済と現代奴隷制)』오와다 에이코(大和田英子) 역, 가이후샤, 2002년

· 케빈 베일스『환경파괴와 현대 노예제―피투성이 대지에 감춰진 진실(環境破壊と現代奴隷制―血塗られた大地に隠された真実 血塗ら)』오와다 에이코 역, 가이후샤, 2017년

· 칼 폴라니(Karl Polanyi)『경제와 문명(経済と文明)』구리모토 신이치로(栗本慎一郎)·하타 노부유키(端信行) 역, 사이마루출판회, 1975년. 지쿠마학예문고, 2004년

· R. 멜라페(R. Mellafe)『라틴아메리카와 노예제(ラテンアメリカと奴隷制)』기요미즈 도오루(清水透) 역, 이와나미현대선서, 1979년

· 모리 겐지(森健資)『고용관계의 생성―영국 노동정책사 서설(雇用関係の生成―イギリス労働政策史序説)』보쿠타쿠샤, 1988년

· 마커스 레디커(Marcus Rediker)『노예선의 역사(奴隷船の歴史)』우에노 나오코(上野直子) 역, 미스즈쇼보, 2016년

· N. 바슈텔(N. Wachtel)『패자의 상상력―인디오가 본 신세계 정복(敗者の想像力―インディオのみた新世界征服)』고이케 유지(小池佑二) 역, 이와나미서점, 1984년

· W. 몽고메리 와트(W. Montgomery Watt) 『지중해 세계의 이슬람―유럽과의 만남 (地中海世界のイスラム―ヨーロッパとの出会い)』 미키 와타루(三木亘) 역, 지쿠 마쇼보, 1984년. 지쿠마학예문고, 2008년

· R. Anstey, *The Atlantic Slave Trade and British Abolition, 1760–1810*, Macmillan, 1975
· R. Blackburn, *The Overthrow of Colonial Slavery 1776-1848*, Verso, 1988
· C. L. Brown, *Moral Capital: Foundations of British Abolitionism*, Chapel Hill, 2006
· R. Burroughs/R. Huzzey, eds., *The suppression of the Atlantic slave trade: British policies, practices, and Representations of Naval Coercion*, Manchester U. P., 2015
· E. Christopher, *Slave Ship Sailors and their Captive Cargoes, 1730-1807*, Cambridge U. P., 2006
· T. Clarkson, *The History of the Rise, Progress, and Accomplishment of the Abolition of the African Slave-Trade, by the British Parliament*, I, II, Frank Cass&Co. Ltd., 1968(First Published 1808)
· R. Coupland, *The British Anti-Slavery Movement*, Frank Cass, 1964(First Published 1933)
· M. Craton, *Testing the Chains: Resistance to Slavery in the British West Indies*, Cornell U. P., 1982
· P. D. Curtin, *The Atlantic Slave Trade: A Census*, Univ. of Wisconsin Press, 1969
· S. Drescher, *Econocide: British Slavery in the Era of Abolition*, Univ. of Pittsburgh Press, 1977
· S. Drescher, *Capitalism and Antislavery: British Mobilization in Comparative Perspective*, Macmillan 1986
· P. Duignan/L. H. Gann, *The United States and Africa: A History*, Cambridge U. P., 1984

· D. Eltis/D. Richardson, eds., *Extending the Frontiers: Essays on the new Transatlantic slave Trade Database*, Yale U. P., 2008

· R. Furneaux, *William Wilberforce*, Hamish Hamilton Ltd, 1974

· H. A. Gemery/J. S. Hogendorn, eds., *The Uncommon Market: Essays in the Economic History of the Atlantic Slave Trade*, Academic Press, 1979

· B. W. Higman, *Slave Populations of the British Caribbean, 1807-1834*, The Press Univ. of the West Indies, 1995

· J. E. Inikori, "Measuring the Atlantic Slave Trade: An Assessment of Curtin and Anstey", *The Journal of African History*, Vol. 17, No. 2, 1976

· J. Jennings, *The Business of Abolishing the British Slave Trade 1783–1807*, Frank Cass&Co., 1997

· H. S. Klein, *The Middle Passage. Comparative Studies in the Atlantic Slave Trade*, Princeton U. P., 1978

· P. E. Lovejoy, "The Volume of the Atlantic Slave Trade: A Synthesis", *The Journal of African History*, Vol. 23, No. 4, 1982

· C. Midgley, *Women Against Slavery: The British Campaigns, 1780-1870*, Routledge, 1992

· B. R. Mitchell/P. Deane, *Abstract of British Historical Statistics*, Cambridge U. P., 1962

· K. Morgan, "Liverpool's Dominance in the British Slave Trade, 1740-1807", *Liverpool and Transatlantic Slavery*, Edited by D. Richardson/S. Schwarz/ A. Tibbles, Liverpool U. P., 2007

· N. Myers, *Reconstructing the Black Past: Blacks in Britain 1780-1830*, Frank Cass, 1996

· D. Northrup, *Indentured Labor in the Age of Imperialism, 1834-1922*, Cambridge U. P., 1995

· J. R. Oldfield, *Popular Politics and British Anti-Slavery: The Mobilization of Public Opinion against the Slave Trade 1787-1807*, Univ. of Manchester Press, 1995

· C. Palmer, *Human Cargoes: The British Slave Trade to Spanish America, 1700-1739*, Univ. of Illinois Press, 1981
· D. R. Peterson, ed., *Abolitionism and imperialism in Britain, Africa, and the Atlantic*, Ohio U. P., 2010
· W. D. Phillips, Jr., *Slavery from Roman Times to the Early Transatlantic Trade*, Univ. of Minnesota Press, 1985
· D. Pope, "The Wealth and Social Aspirations of Liverpool's Slave Merchants of the Second Half of the Eighteenth Century", *Liverpool and Transatlantic Slavery*, Edited by D. Richardson/S. Schwarz/A. Tibbles, Liverpool U. P., 2007
· D. Richardson, "Shipboard Revolts, African Authority, and the Atlantic Slave Trade", *William and Mary Quarterly*, Vol. 58, No. 1, Jan. 2001
· A. C. de C. N. Saunders, *A Social History of Black Slaves and Freedmen in Portugal 1441-1555*, Cambridge U. P., 1982
· B. L. Solow/S. L. Engerman, eds., *British Capitalism and Caribbean Slavery: The Legacy of Eric Williams*, Cambridge U. P., 1987
· D. Turley, *The Culture of English Antislavery*, 1780-1860, Routledge, 1991
· J. Vogt, *Portuguese Rule on the Gold Coast 1469–1682*, Univ. of Georgia Press, 1979
British Parliamentary Papers
https://www.slavevoyages.org
https://www.antislavery.org

노예선의 세계사

초판 1쇄 인쇄 2020년 7월 10일
초판 1쇄 발행 2020년 7월 15일

저자 : 후루가와 마사히로
번역 : 김효진

펴낸이 : 이동섭
편집 : 이민규, 서찬웅, 탁승규
디자인 : 조세연, 김현승, 황효주, 김형주
영업·마케팅 : 송정환
e-BOOK : 홍인표, 김영빈, 유재학, 최정수
관리 : 이윤미

㈜에이케이커뮤니케이션즈
등록 1996년 7월 9일(제302-1996-00026호)
주소 : 04002 서울 마포구 동교로 17안길 28, 2층
TEL : 02-702-7963~5 FAX : 02-702-7988
http://www.amusementkorea.co.kr

ISBN 979-11-274-3451-9 03900

DOREISEN NO SEKAISHI
by Masahiro Furugawa
Copyright © 2019 by Masahiro Furugawa
Originally published in 2019 by Iwanami Shoten, Publishers, Tokyo.
This Korean print edition published 2020
by AK Communications,Inc., Seoul
by arrangement with Iwanami Shoten, Publishers, Tokyo

이 도서의 국립중앙도서관 출판예정도서목록(CIP)은 서지정보유통지원시스템 홈페이지(http://seoji.nl.go.kr)와 국가자료공동목록시스템(http://www.nl.go.kr/kolisnet)에서 이용하실 수 있습니다. (CIP제어번호: 2020024579)

*잘못된 책은 구입한 곳에서 무료로 바꿔드립니다.

창작을 위한 아이디어 자료
AK 트리비아 시리즈

-AK TRIVIA BOOK

No. 01 도해 근접무기
오나미 아츠시 지음 | 이창협 옮김 | 228쪽 | 13,000원
근접무기, 서브 컬처적 지식을 고찰하다!
검, 도끼, 창, 곤봉, 활 등 현대적인 무기가 등
장하기 전에 사용되던 냉병기에 대한 개설
서. 각 무기의 형상과 기능, 유형부터 사용 방법은 물론 서
브컬처의 세계에서 어떤 모습으로 그려지는가에 대해서
도 상세히 해설하고 있다.

No. 02 도해 크툴루 신화
모리세 료 지음 | AK커뮤니케이션즈 편집부 옮김 | 240쪽 | 13,000원
우주적 공포, 현대의 신화를 파헤치다!
현대 환상 문학의 거장 H.P 러브크래프트의
손에 의해 창조된 암흑 신화인 크툴루 신화.
111가지의 키워드를 선정, 각종 도해와 일러스트를 통해
크툴루 신화의 과거와 현재를 해설한다.

No. 03 도해 메이드
이케가미 료타 지음 | 코트랜스 인터내셔널 옮김 |
238쪽 | 13,000원
메이드의 모든 것을 이 한 권에!
메이드에 대한 궁금증을 확실하게 해결해주
는 책. 영국, 특히 빅토리아 시대의 사회를 중심으로, 실존
했던 메이드의 삶을 보여주는 가이드북.

No. 04 도해 연금술
쿠사노 타쿠미 지음 | 코트랜스 인터내셔널 옮김 | 220쪽
| 13,000원
기적의 학문, 연금술을 짚어보다!
연금술사들의 발자취를 따라 연금술에 대해
자세하게 알아보는 책. 연금술에 대한 풍부한 지식을 쉽고
간결하게 정리하여, 체계적으로 해설하며, '진리'를 위해
모든 것을 바친 이들의 기록이 담겨있다.

No. 05 도해 핸드웨폰
오나미 아츠시 지음 | 이창협 옮김 | 228쪽 | 13,000원
모든 개인화기를 총망라!
권총, 기관총, 어설트 라이플, 머신건 등, 개
인 화기를 지칭하는 다양한 명칭들은 대체
무엇을 기준으로 하며 어떻게 붙여진 것일까? 개인 화기
의 모든 것을 기초부터 해설한다.

No. 06 도해 전국무장
이케가미 료타 지음 | 이재경 옮김 | 256쪽 | 13,000원
전국시대를 더욱 재미있게 즐겨보자!
소설이나 만화, 게임 등을 통해 많이 접할 수
있는 일본 전국시대에 대한 입문서. 무장들
의 활약상, 전국시대의 일상과 생활까지 상세히 서술. 전
국시대에 쉽게 접근할 수 있도록 구성했다.

No. 07 도해 전투기
가와노 요시유키 지음 | 문우성 옮김 | 264쪽 | 13,000원
빠르고 강력한 병기, 전투기의 모든 것!
현대전의 정점인 전투기. 역사와 로망 속의
전투기에서 최신예 스텔스 전투기에 이르기
까지, 인류의 전쟁사를 바꾸어놓은 전투기에 대하여 상세
히 소개한다.

No. 08 도해 특수경찰
모리 모토사다 지음 | 이재경 옮김 | 220쪽 | 13,000원
**실제 SWAT 교관 출신의 저자가 특수경찰의
모든 것을 소개!**
특수경찰의 훈련부터 범죄 대처법, 최첨단
수사 시스템, 기밀 작전의 아슬아슬한 부분까지 특수경찰
을 저자의 풍부한 지식으로 폭넓게 소개한다.

No. 09 도해 전차
오나미 아츠시 지음 | 문우성 옮김 | 232쪽 | 13,000원
지상전의 왕자, 전차의 모든 것!
지상전의 지배자이자 절대 강자 전차를 소개
한다. 전차의 힘과 이를 이용한 다양한 전술,
그리고 그 독특한 모습까지, 알기 쉬운 해설과 상세한 일
러스트로 전차의 매력을 전달한다.

No. 10 도해 헤비암즈
오나미 아츠시 지음 | 이재경 옮김 | 232쪽 | 13,000원
전장을 압도하는 강력한 화기, 총집합!
전장의 주역, 보병들의 든든한 버팀목인 강
력한 화기를 소개한 책. 대구경 기관총부터
유탄 발사기, 무반동총, 대전차 로켓 등, 압도적인 화력으
로 전장을 지배하는 화기에 대하여 알아보자!

No. 11 도해 밀리터리 아이템
오누마 아츠시 지음 | 이재경 옮김 | 236쪽 | 13,000원
군대에서 쓰이는 군장 용품을 완벽 해설!
이제 밀리터리 세계에 발을 들이는 입문자들을 위해 '군장 용품'에 대해 최대한 알기 쉽게 다루는 책. 세부적인 사항에 얽매이지 않고, 상식적으로 갖추어야 할 기초지식을 중심으로 구성되어 있다.

No. 12 도해 악마학
쿠사노 타쿠미 지음 | 김문광 옮김 | 240쪽 | 13,000원
악마에 대한 모든 것을 담은 총집서!
악마학의 시작부터 현재까지의 그 연구 및 발전 과정을 한눈에 알아볼 수 있도록 구성한 책. 단순한 흥미를 뛰어넘어 영적이고 종교적인 지식의 깊이까지 더할 수 있는 내용으로 구성.

No. 13 도해 북유럽 신화
이케가미 료타 지음 | 김문광 옮김 | 228쪽 | 13,000원
세계의 탄생부터 라그나로크까지!
북유럽 신화의 세계관, 등장인물, 여러 신과 영웅들이 사용한 도구 및 마법에 대한 설명까지 당시 북유럽 국가들의 생활상을 통해 북유럽 신화에 대한 이해도를 높일 수 있도록 심층적으로 해설한다.

No. 14 도해 군함
다카하라 나루미 외 1인 지음 | 문우성 옮김 | 224쪽 | 13,000원
20세기의 전함부터 항모, 전략 원잠까지!
군함에 대한 입문서. 종류와 개발사, 구조, 제원 등의 기본부터, 승무원의 일상, 정비 비용까지 어렵게 여겨질 만한 요소를 도표와 일러스트로 쉽게 해설한다.

No. 15 도해 제3제국
모리세 료외 1인 지음 | 문우성 옮김 | 252쪽 | 13,000원
나치스 독일 제3제국의 역사를 파헤친다!
아돌프 히틀러 통치하의 독일 제3제국에 대한 개론서. 나치스가 권력을 장악한 과정부터 조직 구조, 조직을 이끈 핵심 인물과 상호 관계와 갈등, 대립 등, 제3제국의 역사에 대해 해설한다.

No. 16 도해 근대마술
하니 레이 지음 | AK커뮤니케이션즈 편집부 옮김 | 244쪽 | 13,000원
현대 마술의 개념과 원리를 철저 해부!
마술의 종류와 개념, 이름을 남긴 마술사와 마술 단체, 마술에 쓰이는 도구 등을 설명한다. 겉핥기식의 설명이 아닌, 역사와 각종 매체 속에서 마술이 어떤 영향을 주었는지 심층적으로 해설하고 있다.

No. 17 도해 우주선
모리세 료외 1인 지음 | 이재경 옮김 | 240쪽 | 13,000원
우주를 꿈꾸는 사람들을 위한 추천서!
우주공간의 과학적인 설명은 물론, 우주선의 태동에서 발전의 역사, 재질, 발사와 비행의 원리 등, 어떤 원리로 날아다니고 착륙할 수 있는지, 자세한 도표와 일러스트를 통해 해설한다.

No. 18 도해 고대병기
미즈노 히로키 지음 | 이재경 옮김 | 224쪽 | 13,000원
역사 속의 고대병기, 집중 조명!
지혜와 과학의 결정체, 병기. 그중에서도 고대의 병기를 집중적으로 조명, 단순한 병기의 나열이 아닌, 각 병기의 탄생 배경과 활약상, 계보, 작동 원리 등을 상세하게 다루고 있다.

No. 19 도해 UFO
사쿠라이 신타로 지음 | 서형주 옮김 | 224쪽 | 13,000원
UFO에 관한 모든 지식과, 그 허와 실.
첫 번째 공식 UFO 목격 사건부터 현재까지, 세계를 떠들썩하게 만든 모든 UFO 사건을 다룬다. 수많은 미스터리는 물론, 종류, 비행 패턴 등 UFO에 관한 모든 지식들을 알기 쉽게 정리했다.

No. 20 도해 식문화의 역사
다카하라 나루미 지음 | 채다인 옮김 | 244쪽 | 13,000원
유럽 식문화의 변천사를 조명한다!
중세 유럽을 중심으로, 음식문화의 변화를 설명한다. 최초의 조리 역사부터 식재료, 예절, 지역별 선호메뉴까지, 시대상황과 분위기, 사람들의 인식이 어떠한 영향을 끼쳤는지 흥미로운 사실을 다룬다.

No. 21 도해 문장
신노 케이 지음 | 기미정 옮김 | 224쪽 | 13,000원
역사와 문화의 시대적 상징물, 문장!
기나긴 역사 속에서 문장이 어떻게 만들어졌고, 어떤 도안들이 이용되었는지, 발전 과정과 유럽 역사 속 위인들의 문장이나 특징적인 문장의 인물에 대해 설명한다.

No. 22 도해 게임이론
와타나베 타카히로 지음 | 기미정 옮김 | 232쪽 | 13,000원
이론과 실용 지식을 동시에!
죄수의 딜레마, 도덕적 해이, 제로섬 게임 등 다양한 사례 분석과 알기 쉬운 해설을 통해, 누구나가 쉽고 직관적으로 게임이론을 이해하고 현실에 적용할 수 있도록 도와주는 최고의 입문서.

No. 23 도해 단위의 사전
호시다 타다히코 지음 | 문우성 옮김 | 208쪽 | 13,000원
세계를 바라보고, 규정하는 기준이 되는 단위를 풀어보자!
　전 세계에서 사용되는 108개 단위의 역사와 사용 방법 등을 해설하는 본격 단위 사전. 정의와 기준, 유래, 측정 대상 등을 명쾌하게 해설한다.

No. 24 도해 켈트 신화
이케가미 료타 지음 | 곽형준 옮김 | 264쪽 | 13,000원
쿠 훌린과 핀 막 쿨의 세계!
　켈트 신화의 세계관. 각 설화와 전설의 주요 등장인물들! 이야기에 따라 내용뿐만 아니라 등장인물까지 뒤바뀌는 경우도 있는데, 그런 특별한 사항까지 다루어, 신화의 읽는 재미를 더한다.

No. 25 도해 항공모함
노가미 아키토 외 1인 지음 | 오광웅 옮김 | 240쪽 | 13,000원
군사기술의 결정체, 항공모함 철저 해부!
　군사력의 상징이던 거대 전함을 과거의 유물로 전락시킨 항공모함. 각 국가별 발달의 역사와 임무, 영향력에 대한 광범위한 자료를 한눈에 파악할 수 있다.

No. 26 도해 위스키
츠치야 마모루 지음 | 기미정 옮김 | 192쪽 | 13,000원
위스키, 이제는 제대로 알고 마시자!
　다양한 음용법과 글라스의 차이, 바 또는 집에서 분위기 있게 마실 수 있는 방법까지, 위스키의 맛을 한층 돋아주는 필수 지식이 가득! 세계적인 위스키 평론가가 전하는 입문서의 결정판.

No. 27 도해 특수부대
오나미 아츠시 지음 | 오광웅 옮김 | 232쪽 | 13,000원
불가능이란 없다! 전장의 스페셜리스트!
　특수부대의 탄생 배경, 종류, 규모, 각종 임무, 그들만의 특수한 장비, 어떠한 상황에서도 살아남기 위한 생존 기술까지 모든 것을 보여주는 책. 왜 그들이 스페셜리스트인지 알게 될 것이다.

No. 28 도해 서양화
다나카 쿠미코 지음 | 김상호 옮김 | 160쪽 | 13,000원
서양화의 변천사와 포인트를 한눈에!
　르네상스부터 근대까지, 시대를 넘어 사랑받는 명작 84점을 수록. 각 작품들의 배경과 특징, 그림에 담겨있는 비유적 의미와 기법 등, 감상 포인트를 명쾌하게 해설하였으며, 더욱 깊은 이해를 위한 역사와 종교 관련 지식까지 담겨있다.

No. 29 도해 갑자기 그림을 잘 그리게 되는 법
나카야마 시게노부지음 | 이연희 옮김 | 204쪽 | 13,000원
멋진 일러스트의 초간단 스킬 공개!
　투시도와 원근법만으로, 멋지고 입체적인 일러스트를 그릴 수 있는 방법! 그림에 대한 재능이 없다 생각 말고 읽어보자. 그림이 극적으로 바뀔 것이다.

No. 30 도해 사케
키미지마 사토시 지음 | 기미정 옮김 | 208쪽 | 13,000원
사케를 더욱 즐겁게 마셔 보자!
　선택 법, 온도, 명칭, 안주와의 궁합, 분위기 있게 마시는 법 등, 사케의 맛을 한층 더 즐길 수 있는 모든 지식이 담겨 있다. 일본 요리의 거장이 전해주는 사케 입문서의 결정판.

No. 31 도해 흑마술
쿠사노 타쿠미 지음 | 곽형준 옮김 | 224쪽 | 13,000원
역사 속에 실존했던 흑마술을 총망라!
　악령의 힘을 빌려 행하는 사악한 흑마술을 총망라한 책. 흑마술의 정의와 발전, 기본 법칙을 상세히 설명한다. 또한 여러 국가에서 행해졌던 흑마술 사건들과 관련 인물들을 소개한다.

No. 32 도해 현대 지상전
모리 모토사다 지음 | 정은택 옮김 | 220쪽 | 13,000원
아프간 이라크! 현대 지상전의 모든 것!!
　저자가 직접, 실제 전장에서 활동하는 군인은 물론 민간 군사기업 관계자들과도 폭넓게 교류하면서 얻은 정보들을 아낌없이 공개한 책. 현대전에 투입되는 지상전의 모든 것을 해설한다.

No. 33 도해 건파이트
오나미 아츠시 지음 | 송명규 옮김 | 232쪽 | 13,000원
총격전에서 일어나는 상황을 파헤친다!
　영화, 소설, 애니메이션 등에서 볼 수 있는 총격전, 그 장면들은 진짜일까? 실전에서는 총기를 어떻게 다루고, 어디에 몸을 숨겨야 할까. 자동차 추격전에서의 대처법 등 건 액션의 핵심 지식.

No. 34 도해 마술의 역사
쿠사노 타쿠미 지음 | 김진아 옮김 | 224쪽 | 13,000원
마술의 탄생과 발전 과정을 알아보자!
　고대에서 현대에 이르기까지 마술은 문화의 발전과 함께 널리 퍼져나갔으며, 다른 마술과 접촉하면서 그 깊이를 더해왔다. 마술의 발생시기와 장소, 변모 등 역사와 개요를 상세히 소개한다.

No. 35 도해 군용 차량
노가미 아키토 지음 | 오광웅 옮김 | 228쪽 | 13,000원
지상의 왕자, 전차부터 현대의 바퀴달린 사역 마까지!!
　　　전투의 핵심인 전투 차량부터 눈에 띄지 않는 무대에서 묵묵히 임무를 다하는 각종 지원 차량까지. 각자 맡은 임무에 충실하도록 설계되고 고안된 군용 차량만의 다채로운 세계를 소개한다.

No. 36 도해 첩보·정찰 장비
사카모토 아키라 지음 | 문성호 옮김 | 228쪽 | 13,000원
승리의 열쇠 정보! 정보전의 모든 것!
　　　소음총, 소형 폭탄, 소형 카메라 및 통신기 등 영화에서나 등장할 법한 첩보원들의 특수 장비부터 정찰 위성에 이르기까지 첩보 및 정찰 장비들을 400점의 사진과 일러스트로 설명한다.

No. 37 도해 세계의 잠수함
사카모토 아키라 지음 | 류재학 옮김 | 242쪽 | 13,000원
바다를 지배하는 침묵의 자객, 잠수함.
　　　잠수함은 두 번의 세계대전과 냉전기를 거쳐, 최첨단 기술로 최신 무장시스템을 갖추어왔다. 원리와 구조, 승조원의 훈련과 임무, 생활과 전투 방법 등을 사진과 일러스트로 철저히 해부한다.

No. 38 도해 무녀
토키타 유스케 지음 | 송명규 옮김 | 236쪽 | 13,000원
무녀와 샤머니즘에 관한 모든 것!
　　　무녀의 기원부터 시작하여 일본의 신사에서 치르고 있는 각종 의식. 그리고 델포이의 무녀, 한국의 무당을 비롯한 세계의 샤머니즘과 각종 종교를 106가지의 소주제로 분류하여 해설한다!

No. 39 도해 세계의 미사일 로켓 병기
사카모토 아키라 | 유병준·김성훈 옮김 | 240쪽 | 13,000원
ICBM부터 THAAD까지!
　　　현대전의 진정한 주역이라 할 수 있는 미사일. 보병이 휴대하는 대전차 로켓부터 공대공 미사일, 대륙간 탄도탄, 그리고 근래 들어 언론의 주목을 받고 있는 ICBM과 THAAD까지 미사일의 모든 것을 해설한다!

No. 40 독과 약의 세계사
후나야마 신지 지음 | 진정숙 옮김 | 292쪽 | 13,000원
독과 약의 차이란 무엇인가?
　　　화학물질을 어떻게 하면 유용하게 활용할 수 있는가 하는 것은 인류에 있어 중요한 과제 가운데 하나라 할 수 있다. 독과 약의 역사, 그리고 우리 생활과의 관계에 대하여 살펴보도록 하자.

No. 41 영국 메이드의 일상
무라카미 리코 지음 | 조아라 옮김 | 460쪽 | 13,000원
빅토리아 시대의 아이콘 메이드!
　　　가사 노동자이며 직장 여성의 최대 다수를 차지했던 메이드의 일과 생활을 통해 영국의 다른 면을 살펴본다. 『엠마 빅토리안 가이드』의 저자 무라카미 리코의 빅토리안 시대 안내서.

No. 42 영국 집사의 일상
무라카미 리코 지음 | 기미정 옮김 | 292쪽 | 13,000원
집사, 남성 가사 사용인의 모든 것!
　　　Butler, 즉 집사로 대표되는 남성 상급 사용인. 그들은 어떠한 일을 했으며 어떤 식으로 하루를 보냈을까? 『엠마 빅토리안 가이드』의 저자 무라카미 리코의 빅토리안 시대 안내서 제2탄.

No. 43 중세 유럽의 생활
가와하라 아쓰시 외 1인 지음 | 남지연 옮김 | 260쪽 | 13,000원
새롭게 조명하는 중세 유럽 생활사
　　　철저히 분류되는 중세의 신분. 그 중 「일하는 자」의 일상생활은 어떤 것이었을까? 각종 도판과 사료를 통해, 중세 유럽에 대해 알아보자.

No. 44 세계의 군복
사카모토 아키라 지음 | 진정숙 옮김 | 130쪽 | 13,000원
세계 각국 군복의 어제와 오늘!!
　　　형태와 기능미가 절묘하게 융합된 의복인 군복. 제2차 세계대전에서 현대에 이르기까지. 각국의 전투복과 정복 그리고 각종 장구류와 계급장. 훈장 등. 군복만의 독특한 매력을 느껴보자!

No. 45 세계의 보병장비
사카모토 아키라 지음 | 이상언 옮김 | 234쪽 | 13,000원
현대 보병장비의 모든 것!
　　　군에 있어 가장 기본이 되는 보병! 개인화기, 전투복, 군장, 전투식량, 그리고 미래의 장비까지. 제2차 세계대전 이후 눈부시게 발전한 보병 장비와 현대전에 있어 보병이 지닌 의미에 대하여 살펴보자.

No. 46 해적의 세계사
모모이 지로 지음 | 김효진 옮김 | 280쪽 | 13,000원
「영웅」인가, 「공적」인가?
　　　지중해, 대서양, 카리브해. 인도양에서 활동했던 해적을 중심으로, 영웅이자 약탈자, 정복자. 야심가 등 여러 시대에 걸쳐 등장했던 다양한 해적들이 세계사에 남긴 발자취를 더듬어본다.

No. 47 닌자의 세계
야마키타 아츠시 지음 | 송명규 옮김 | 232쪽 | 13,000원
실제 닌자의 활약을 살펴본다!
어떠한 임무라도 완수할 수 있도록 닌자는 온
갖 지혜를 짜내며 궁극의 도구와 인술을 만들
어냈다. 과연 닌자는 역사 속에서 어떤 활약을 펼쳤을까.

No. 48 스나이퍼
오나미 아츠시 지음 | 이상언 옮김 | 240쪽 | 13,000원
스나이퍼의 다양한 장비와 고도의 테크닉!
아군의 절체절명 위기에서 한 끗 차이의 절묘
한 타이밍으로 전세를 역전시키기도 하는 스
나이퍼의 세계를 알아본다.

No. 49 중세 유럽의 문화
이케가미 쇼타 지음 | 이은수 옮김 | 256쪽 | 13,000원
심오하고 매력적인 중세의 세계!
기사, 사제와 수도사, 음유시인에 숙녀, 그리
고 농민과 상인과 기술자들. 중세 배경의 판
타지 세계에서 자주 보였던 그들의 리얼한 생활을 풍부한
일러스트와 표로 이해한다!

No. 50 기사의 세계
이케가미 슌이치 지음 | 남지연 옮김 | 232 쪽 | 15,000 원
중세 유럽 사회의 주역이었던 기사!
기사들은 과연 무엇을 위해 검을 들었는가.
지향하는 목표는 무엇이었는가. 기사의 탄생
에서 몰락까지, 역사의 드라마를 따라가며 그 진짜 모습을
파헤친다.

No. 51 영국 사교계 가이드
무라카미 리코 지음 | 문성호 옮김 | 216쪽 | 15,000원
19세기 영국 사교계의 생생한 모습!
당시에 많이 출간되었던 「에티켓 북」의 기술
을 바탕으로, 빅토리아 시대 중류 여성들의
사교 생활을 알아보며 그 속마음까지 들여다본다.

No. 52 중세 유럽의 성채 도시
가이하쓰사 지음 | 김진희 옮김 | 232 쪽 | 15,000 원
견고한 성벽으로 도시를 둘러싼 성채 도시!
성채 도시는 시대의 흐름에 따라 문화, 상업,
군사 면에서 진화를 거듭한다. 궁극적인 기
능미의 집약체였던 성채 도시의 주민 생활상부터 공성전
무기, 전술까지 상세하게 알아본다.

No. 53 마도서의 세계
쿠사노 타쿠미 지음 | 남지연 옮김 | 236쪽 | 15,000원
마도서의 기원과 비밀!
천사와 악마 같은 영혼을 소환하여 자신의
소망을 이루는 마도서의 원리를 설명한다.

No. 54 영국의 주택
야마다 카요코 외 지음 | 문성호 옮김 | 252쪽 | 17,000원
영국인에게 집은 「물건」이 아니라 「문화」다!
영국 지역에 따른 집들의 외관 특징, 건축 양
식, 재료 특성, 각종 주택 스타일을 상세하게
설명한다.

No. 55 발효
고이즈미 다케오 지음 | 장현주 옮김 | 224쪽 | 15,000원
미세한 거인들의 경이로운 세계!
세계 각지 발효 문화의 놀라운 신비와 의의
를 살펴본다. 발효를 발전시켜온 인간의 깊
은 지혜와 훌륭한 발상이 보일 것이다.

No. 56 중세 유럽의 레시피
코스트마리 사무국 슈 호카 지음 | 김효진 옮김 | 164쪽
| 15,000원
간단하게 중세 요리를 재현!
당시 주로 쓰였던 향신료, 허브 등 중세 요리
에 대한 풍부한 지식은 물론 더욱 맛있게 즐길 수 있는 요
리법도 함께 소개한다.

No. 57 알기 쉬운 인도 신화
천축 기담 지음 | 김진희 옮김 | 228 쪽 | 15,000 원
전쟁과 사랑 속의 인도 신들!
강렬한 개성이 충돌하는 무아와 혼돈의 이야
기를 담았다. 2대 서사시 「라마야나」와 「마하
바라타」의 세계관부터 신들의 특징과 일화에
이르는 모든 것을 파악한다.

No. 58 방어구의 역사
다카히라 나루미 지음 | 남지연 옮김 | 244 쪽 | 15,000원
역사에 남은 다양한 방어구!
기원전 문명의 아이템부터 현대의 방어구인
헬멧과 방탄복까지 그 역사적 변천과 특색 ·
재질 · 기능을 망라하였다.

-AK TRIVIA SPECIAL

환상 네이밍 사전
신키겐샤 편집부 지음 | 유진원 옮김 | 288쪽 | 14,800원
의미 없는 네이밍은 이제 그만!
운명은 프랑스어로 무엇이라고 할까? 독일어,
일본어로는? 중국어로는? 더 나아가 이탈리아
어, 러시아어, 그리스어, 라틴어, 아랍어에 이르
기까지. 1,200개 이상의 표제어와 11개국어, 13,000개 이
상의 단어를 수록!!

중2병 대사전
노무라 마사타카 지음 | 이재경 옮김 | 200쪽 | 14,800원
이 책을 보는 순간, 당신은 이미 궁금해하고 있다!
사춘기 청소년이 행동할 법한. 손발이 오그라드
는 행동이나 사고를 뜻하는 중2병. 서브컬쳐 작
품에 자주 등장하는 중2병의 의미와 기원 등. 102개의 항목
에 대해 해설과 칼럼을 곁들여 알기 쉽게 설명 한다.

크툴루 신화 대사전
고토 카츠 외 1인 지음 | 곽형준 옮김 | 192쪽 | 13,000원
신화의 또 다른 매력, 무한한 가능성!
H.P. 러브크래프트를 중심으로 여러 작가들의
설정이 거대한 세계관으로 자리잡은 크툴루 신
화. 현대 서브 컬처에 지대한 영향을 끼치고 있다. 대중 문화
속에 알게 모르게 자리 잡은 크툴루 신화의 요소를 설명하는
본격 해설서.

문양박물관
H. 돌메치 지음 | 이지은 옮김 | 160쪽 | 8,000원
세계 문양과 장식의 정수를 담다!
19세기 독일에서 출간된 H.돌메치의 『장식의
보고』를 바탕으로 제작된 책이다. 세계 각지의
문양 장식을 소개한 이 책은 이론보다 실용에
초점을 맞춘 입문서. 화려하고 아름다운 전 세계의 문양을 수
록한 실용적인 자료집으로 손꼽힌다.

고대 로마군 무기·방어구·전술 대전
노무라 마사타카 외 3인 지음 | 기미정 옮김 | 224쪽 | 13,000원
위대한 정복자, 고대 로마군의 모든 것!
부대의 편성부터 전술, 장비 등. 고대 최강의 군
대라 할 수 있는 로마군이 어떤 집단이었는지
상세하게 분석하는 해설서. 압도적인 군사력으로 세계를 석
권한 로마 제국. 그 힘의 전모를 철저하게 검증한다.

도감 무기 갑옷 투구
이치카와 사다하루 외 3인 지음 | 남지연 옮김 | 448쪽 | 29,000원
역사를 망라한 궁극의 군장도감!
고대로부터 무기는 당시 최신 기술의 정수와 함
께 철학과 문화, 신념이 어우러져 완성되었다.
이 책은 그러한 무기들의 기능, 원리, 목적 등과 더불어 그 기
원과 발전 양상 등을 그림과 표를 통해 알기 쉽게 설명하고
있다. 역사상 실재한 무기와 갑옷, 투구들을 통사적으로 살펴
보자!

중세 유럽의 무술, 속 중세 유럽의 무술
오사다 류타 지음 | 남유리 옮김 |
각 권 672쪽~624쪽 | 각 권 29,000원
본격 중세 유럽 무술 소개서!
막연하게만 떠오르는 중세 유럽~르네상스 시
대에 활약했던 검술과 격투술의 모든 것을 담은
책. 영화 등에서만 접할 수 있었던 유럽 중세시
대 무술의 기본이념과 자세, 방어, 보법부터, 시
대를 풍미한 각종 무술까지. 일러스트를 통해
알기 쉽게 설명한다.

최신 군용 총기 사전
토코이 마사미 지음 | 오광웅 옮김 | 564쪽 | 45,000원
세계 각국의 현용 군용 총기를 총망라!
주로 군용으로 개발되었거나 군대 또는 경찰의
대테러부대처럼 중무장한 조직에 배치되어 사
용되고 있는 소화기가 중점적으로 수록되어 있으며, 이외에
도 각 제작사에서 국제 군수시장에 수출할 목적으로 개발, 시
제품만이 소수 제작되었던 총기류도 함께 실려 있다.

초패미컴, 초초패미컴
타네 키요시 외 2인 지음 | 문성호 외 1인 옮김 |
각 권 360, 296쪽 | 각 권 14,800원
게임은 아직도 패미컴을 넘지 못했다!
패미컴 탄생 30주년을 기념하여, 1983년 『동
키콩』부터 시작하여, 1994년 『타카하시 명인
의 모험도 Ⅳ』까지 총 100여 개의 작품에 대한
리뷰를 담은 영구 소장판. 패미컴과 함께했던
아련한 추억을 간직하고 있는 모든 이들을 위한
책이다.

초쿠소게 1,2
타네 키요시 외 2인 지음 | 문성호 옮김 |
각 권 224, 300쪽 | 각 권 14,800원
망작 게임들의 숨겨진 매력을 재조명!
『쿠소게クソゲ-』란 '똥-クソ'과 '게임-Game'의
합성어로, 어감 그대로 정말 못 만들고 재미없
는 게임을 지칭할 때 사용되는 조어이다. 우리
말로 바꾸면 망작 게임 정도가 될 것이다. 레트
로 게임에서부터 플레이스테이션3까지 게이머
들의 기대를 보란듯이 저버렸던 수많은 쿠소게
들을 총망라하였다.

초에로게, 초에로게 하드코어
타네 키요시 외 2인 지음 | 이은수 옮김 |
각 권 276쪽, 280쪽 | 각 권 14,800원
명작 18금 게임 총출동!
에로게란 '에로-エロ'와 '게임-Game'의 합성어
로, 말 그대로 성적인 표현이 담긴 게임을 지칭
한다. '에로게 헌터'라 자처하는 베테랑 저자들
의 엄격한 심사(?)를 통해 선정된 '명작 에로게'
들에 대한 본격 리뷰집!!

세계의 전투식량을 먹어보다

키쿠치 토시유키 지음 | 오광웅 옮김 | 144쪽 | 13,000원

전투식량에 관련된 궁금증을 한권으로 해결!
전투식량이 전장에서 자리를 잡아가는 과정과, 미국의 독립전쟁부터 시작하여 역사 속 여러 전쟁의 전투식량 배급 양상을 살펴보는 책. 식품부터 식기까지, 수많은 전쟁 속에서 전투식량이 어떠한 모습으로 등장하였고 병사들은 이를 어떻게 취식하였는지, 흥미진진한 역사를 소개하고 있다.

민족의상 1, 2

오귀스트 라시네 지음 | 이지은 옮김 |
각 권 160쪽 | 각 8,000원

화려하고 기품 있는 색감!!
디자이너 오귀스트 라시네의 「복식사」 전 6권 중에서 민족의상을 다룬 부분을 바탕으로 제작되었다. 당대에 정점에 올랐던 석판 인쇄 기술로 완성되어, 시대가 흘렀음에도 그 세세하고 풍부하고 아름다운 색감이 주는 감동은 여전히 빛을 발한다.

세계장식도 Ⅰ, Ⅱ

오귀스트 라시네 지음 | 이지은 옮김 | 각 권 160쪽 |
각 권 8,000원

공예 미술계 불후의 명작을 농축한 한 권!
19세기 프랑스에서 가장 유명한 디자이너였던 오귀스트 라시네의 대표 저서 「세계장식 도집성」에서 인상적인 부분을 뽑아내 콤팩트하게 정리한 다이제스트판. 공예 미술의 각 분야를 포괄하는 내용을 담은 책으로, 방대한 예시를 더욱 정교하게 소개한다.

중세 유럽의 복장

오귀스트 라시네 지음 | 이지은 옮김 | 160쪽 | 8,000원

고품격 유럽 민족의상 자료집!!
19세기 프랑스의 유명한 디자이너 오귀스트 라시네가 직접 당시의 민족의상을 그린 자료집. 유럽 각지에서 사람들이 실제로 입었던 민족의상의 모습을 그대로 풍부하게 수록하였다. 각 나라의 특색과 문화가 담겨 있는 민족의상을 감상할 수 있다.

서양 건축의 역사

사토 다쓰키 지음 | 조민경 옮김 | 264쪽 | 14,000원

서양 건축사의 결정판 가이드 북!
건축의 역사를 살펴보는 것은 당시 사람들의 의식을 들여다보는 것과도 같다. 이 책은 고대에서 중세, 르네상스기로 넘어와 탄생한 다양한 양식들을 당시의 사회, 문화, 기후, 토질 등을 바탕으로 해설하고 있다.

그림과 사진으로 풀어보는 **이상한 나라의 앨리스**

구와바라 시게오 지음 | 조민경 옮김 | 248쪽 | 14,000원

매혹적인 원더랜드의 논리를 완전 해설!
산업 혁명을 통한 눈부신 문명의 발전과 그 그늘. 도덕주의와 엄숙주의, 위선과 허영이 병존하던 빅토리아 시대는 「원더랜드」의 탄생과 그 배경으로 어떻게 작용했을까? 순진 무구한 소녀 앨리스가 우연히 발을 들인 기묘한 세상의 완전 가이드북!!

세계의 건축

코우다 미노루 외 1인 지음 | 조민경 옮김 | 256쪽 |
14,000원

고품격 건축 일러스트 자료집!
시대를 망라하여, 건축물의 외관 및 내부의 장식을 정밀한 일러스트로 소개한다. 흔히 보이는 풍경이나 딱딱한 도시의 건축물이 아닌, 고풍스러운 건물들을 섬세하고 세밀한 선화로 표현하여 만화, 일러스트 자료에 최적화된 형태로 수록하고 있다

그림과 사진으로 풀어보는 **알프스 소녀 하이디**

지바 가오리 외 지음 | 남지연 옮김 | 224쪽 | 14,000원

하이디를 통해 살펴보는 19세기 유럽사!
「하이디」라는 작품을 통해 19세기 말의 스위스를 알아본다. 또한 원작자 슈피리의 생애를 교차시켜 「하이디」의 세계를 깊이 파고든다. 「하이디」를 읽을 사람은 물론, 작품을 보다 깊이 감상하고 싶은 사람에게 있어 좋은 안내서가 되어줄 것이다.

영국 귀족의 생활

다나카 료코 지음 | 김상호 옮김 | 192쪽 | 14,000원

영국 귀족의 우아한 삶을 조명한다
현대에도 귀족제도가 남아있는 영국. 귀족이 영국 사회에서 어떠한 의미를 가지고 또 기능하는지, 상세한 설명과 사진자료를 통해 귀족 특유의 화려함과 고상함의 이면에 자리 잡은 책임과 무게, 귀족의 삶 깊숙한 곳까지 스며든 '노블레스 오블리주'의 진정한 의미를 알아보자.

지중해가 낳은 천재 건축가 -안토니오 가우디

이리에 마사유키 지음 | 김진아 옮김 | 232쪽 | 14,000원

천재 건축가 가우디의 인생, 그리고 작품
19세기 말~20세기 초의 카탈루냐 지역 및 그의 작품들이 지어진 바르셀로나의 지역사, 그리고 카사 바트요, 구엘 공원, 사그라다 파밀리아 성당 등의 작품들을 통해 안토니오 가우디의 생애를 본격적으로 살펴본다.

요리 도감

오치 도요코 지음 | 김세원 옮김 | 384쪽 | 18,000원

요리는 힘! 삶의 저력을 키워보자!

이 책은 부모가 자식에게 조곤조곤 알려주는 요리 조언집이다. 처음에는 요리가 서툴고 다소 귀찮게 느껴질지 모르지만, 약간의 요령과 습관만 익히면 스스로 요리를 완성한다는 보람과 매력, 그리고 요리라는 삶의 지혜에 눈을 뜨게 될 것이다.

초콜릿어 사전

Dolcerica 가가와 리카코 지음 | 이지은 옮김 | 260쪽 | 13,000원

사랑스러운 일러스트로 보는 초콜릿의 매력!

나른해지는 오후, 기력 보충 또는 기분 전환 삼아 한 조각 먹게 되는 초콜릿! 『초콜릿어 사전』은 초콜릿의 역사와 종류, 제조법 등 기본 정보와 관련 용어 그리고 그 해설을 유머러스하면서도 사랑스러운 일러스트와 함께 싣고 있는 그림 사전이다.

사육 재배 도감

아라사와 시게오 지음 | 김민영 옮김 | 384쪽 | 18,000원

동물과 식물을 스스로 키워보자!

생명을 돌보는 것은 결코 쉬운 일이 아니다. 꾸준히 손이 가고, 인내심과 동시에 책임감을 요구하기 때문이다. 그럴 때 이 책과 함께 한다면 어떨까? 살아있는 생명과 함께하며 성숙해진 마음은 그 무엇과도 바꿀 수 없는 보물로 남을 것이다.

판타지세계 용어사전

고타니 마리 감수 | 전홍식 옮김 | 248쪽 | 18,000원

판타지의 세계를 즐기는 가이드북!

온갖 신비로 가득한 판타지의 세계. 『판타지세계 용어사전』은 판타지의 세계에 대한 이해를 돕고 보다 깊이 즐길 수 있도록, 세계 각국의 신화, 전설, 역사적 사건 속의 용어들을 뽑아 해설하고 있으며, 한국어판 특전으로 역자가 엄선한 한국 판타지 용어 해설집을 수록하고 있다.

식물은 대단하다

다나카 오사무 지음 | 남지연 옮김 | 228쪽 | 9,800원

우리 주변의 식물들이 지닌 놀라운 힘!

오랜 세월에 걸쳐 거목을 말려 죽이는 교살자 무화과나무, 딱지를 만들어 몸을 지키는 바나나 등 식물이 자신을 보호하는 아이디어, 환경에 적응하여 살아가기 위한 구조의 대단함을 해설한다. 동물은 흉내 낼 수 없는 식물의 경이로운 능력을 알아보자.

세계사 만물사전

헤이본샤 편집부 지음 | 남지연 옮김 | 444쪽 | 25,000원

우리 주변의 교통 수단을 시작으로, 의복, 각종 악기와 음악, 문자, 농업, 신화, 건축물과 유적 등, 고대부터 제2차 세계대전 종전 이후까지의 각종 사물 약 3000점의 유래와 그 역사를 상세한 그림으로 해설한다.

그림과 사진으로 풀어보는 **마녀의 약초상자**

니시무라 유코 지음 | 김상호 옮김 | 220쪽 | 13,000원

『약초』라는 키워드로 마녀를 추적하다!

정체를 알 수 없는 약물을 제조하거나 저주와 마술을 사용했다고 알려진 『마녀』란 과연 어떤 존재였을까? 그들이 제조해온 마법약의 재료와 제조법, 마녀들이 특히 많이 사용했던 여러 종의 약초와 그에 얽힌 이야기들을 통해 마녀의 비밀을 알아보자.

고대 격투기

오사다 류타 지음 | 남지연 옮김 | 264쪽 | 21,800원

고대 지중해 세계의 격투기를 총망라!

레슬링, 복싱, 판크라티온 등의 맨몸 격투술에서 무기를 활용한 전투술까지 풍부하게 수록한 격투 교본. 고대 이집트 · 로마의 격투술을 일러스트로 상세하게 해설한다.

초콜릿 세계사
-근대 유럽에서 완성된 갈색의 보석

다케다 나오코 지음 | 이지은 옮김 | 240쪽 | 13,000원

신비의 약이 연인 사이의 선물로 자리 잡기까지의 역사!

원산지에서 『신의 음료』라고 불렸던 카카오. 유럽 탐험가들에 의해 서구 세계에 알려진 이래, 19세기에 이르러 오늘날의 형태와 같은 초콜릿이 탄생했다. 전 세계로 널리 퍼질 수 있었던 초콜릿의 흥미진진한 역사를 살펴보자.

에로 만화 표현사

키미 리토 지음 | 문성호 옮김 | 456쪽 | 29,000원

에로 만화에 학문적으로 접근하다!

에로 만화 주요 표현들의 깊은 역사, 복잡하게 얽힌 성립 배경과 관련 사건 등에 대해 자세히 분석해본다.

크툴루 신화 대사전
히가시 마사오 지음 | 전홍식 옮김 | 552쪽 | 25,000원
크툴루 신화 세계의 최고의 입문서!
크툴루 신화 세계관은 물론 그 모태인 러브크
래프트의 문학 세계와 문화사적 배경까지 총망
라하여 수록한 대사전이다.

아리스가와 아리스의 밀실 대도감
아리스가와 아리스 지음 | 김효진 옮김 | 372쪽 | 28,000원
41개의 놀라운 밀실 트릭!
아리스가와 아리스의 날카로운 밀실 추리소설
해설과 이소다 가즈이치의 생생한 사건현장 일
러스트가 우리를 놀랍고 신기한 밀실의 세계로
초대한다.

연표로 보는 과학사 400년
고야마 게타 지음 | 김진희 옮김 | 400쪽 | 17,000원
알기 쉬운 과학사 여행 가이드!
「근대 과학」이 탄생한 17세기부터 우주와 생명
의 신비에 자연 과학으로 접근한 현대까지. 파
란만장한 400년 과학사를 연표 형식으로 해설
한다.

제2차 세계대전 독일 전차
우에다 신 지음 | 오광웅 옮김 | 200쪽 | 24,800원
일러스트로 보는 독일 전차!
전차의 사양과 구조. 포탄의 화력부터 전차병의
군장과 주요 전장 개요도까지. 제2차 세계대전
의 전장을 누볐던 독일 전차들을 풍부한 일러
스트와 함께 상세하게 소개한다